猿の部長

マーケティング戦略で世界を征服せよ！

竹内謙礼／青木寿幸

PHP文庫

○本表紙図柄＝ロゼッタ・ストーン（大英博物館蔵）
○本表紙デザイン＋紋章＝上田晃郷

プロローグ

身体《からだ》がフワッと浮かぶような感覚だった。

滝川啓輔《たきがわけいすけ》は狭い石棺《せっかん》の中で、自分の足元を見た。しかし、両足はしっかりと地についている。錯覚だと分かると、再び石棺の小さな隙間《すきま》から、目の前で繰り広げられている奇妙な祭礼を凝視した。

猿のお面をかぶった老齢の男たちが、奇声をあげて松明《たいまつ》の周りを飛び跳《は》ねている。裸に椰子《やし》の葉をまとい、2メートル以上はある大きな槍《やり》を振り回す。そして、水平線に浮かぶ大きな満月が、この祭りをさらに神格化させていた。

「サルガミ！　サルガミ！　サルガミ！　サルガミ！」

——サルガミ。

滝川は男たちが連呼している言葉の意味が分からなかった。しかし、猿のお面と、神社に祀《まつ》られている石像が猿であること、そして、島の名前が〝猿ヶ島〟であることが頭の中で繋《つな》がると、サルガミは〝猿神〟を意味している言葉だとすぐに理解した。

滝川の喉《のど》がゴクリと鳴った。蒸し風呂《ぶろ》のような石棺の中で、額の汗をタオルでぬぐう。このようなスリル感があるからこそ、秘境めぐりは止《や》められない。

やはり幻の祭礼は本当にあったのだ。

伊豆《いず》諸島の大島から20キロメートルほど離れたところに浮かぶ無人島「猿ヶ島」。年に一度、そこで行われるこの祭礼は、島の元住民の一族でなければ参加することができない。そこに秘境好きの滝川は、漁船をチャーターして単独で忍び込んだのだ。しかし、祭礼は視界が開ける砂浜で行われるため、よそ者がこっそり見学しようとしても、すぐに見つかってしまう。早めに猿ヶ島に到着していた滝川は、祭りの主催者に見つからないように、祭壇の近くにあった、大人が1人入れるぐらいの小さな石棺の中に身を潜《ひそ》めた。そして、石棺のわずかな隙間から、祭礼の様子を見守っていたのだ。

祭礼との距離はわずか10メートル。滝川の鼓動はさらに高まった。日本の祭りとはかけ離れた、この異様な南国風の祭りは、ネットの口コミサイトに書かれていた通り、よそ者を寄せつけない雰囲気があった。

『猿の神は、島の人間以外を生きては帰さない——』

滝川は、ふとネット上に書き込まれた猿ヶ島の伝承を思い出した。しかし、滝川は「ばかばかしい」と心の中でつぶやく。島の人間以外は帰さないだと？　帰りの船をチャーターすれば、人間だろうが猿だろうが帰れるはずだ。滝川は軽いため息をつくと、小さな隙間に、一眼レフのカメラのレンズを向けた。

ファインダーを覗《のぞ》くと、石像の猿と目が合った。そしてその瞬間、猿の顔がニヤリと笑ったように見えた。

「錯覚か？」

滝川がそう思ったとたん、目の前の景色がぐにゃりと歪《ゆが》んだ。狭い石棺の中で、身体が宙にふわりと浮き上がり、頭の芯《しん》を力いっぱい誰かに引っ張られる感覚に襲われた。

滝川は悲鳴をあげた。喉がはちきれんばかりの声を出したと自分では思った。しかし、その言葉は音になって耳で感じることはなかった。

「サルガミ！　サルガミ！　サルガミ！　サルガミ！」

男たちの奇声だけが聞こえる中、石棺の中に差し込む月明かりがネオンのようにチカチカと瞬《またた》いているように見えた。そして、滝川は深い眠りに落ちるように、意識がゆっくりと遠のいていった――。

＊　＊　＊

「で、気がついたら砂浜で一人倒れていたんだよ」

滝川は、ハイヤーの後部座席で隣に座る黒河加奈子《くろかわかなこ》の顔を見た。社長秘書の黒河は興味がなさそうに「そうですか」と言うと、何事もなかったかのように再び前を向いた。滝川は会話が盛り上がらなかったことに拍子《ひようし》抜けしたが、ミステリアスな話に関心のない女性もいるのだと思い、流れる窓の景色を眺《なが》めることにした。

ハイヤーの窓ガラスには、滝川自身の姿が映し出されていた。色黒で胸元までワイシャツを開けて、そこからは金のネックレスが光っている。初対面でこんなホストみたいな男から声をかけられたので、おそらく若い黒河は警戒してしまったのだろう。だから、さっきは「そうですか」などと気のない返事をしたのだ。滝川はそう思うと、ニヤリと笑って、もう一度、窓ガラスに映った自分の姿を見た。

「慣れてくれれば、俺の色気にも気づくはずさ」

滝川はうっすらと生《は》えたあごひげを、いやらしく撫《な》で回した。

それにしても――。

滝川は改めて、この2日間の不思議な出来事を振り返った。

意識が戻ったのは、猿ヶ島の祭礼の翌朝だった。砂浜で気を失っていたところを、島の地質調査に来た大学院生に発見されたのである。

周囲を見渡したが、祭礼が行われた痕跡《こんせき》は何も残されていなかった。猿が祀られている神社と石像、それと滝川が身を潜めていた石棺はあるものの、松明の跡や、人の足跡は何も残っていなかった。滝川は夢でも見ていたのではないかと自分の記憶を疑った。しかし、頭の中にはくっきりと祭礼の奇妙な光景が残っている。

その後、滝川はチャーターした漁船が迎えに来るはずの場所で、約束の時間まで待った。しかし、漁船は指定した時間にあらわれず、連絡もとれないので、結局、地質調査に来た大学院生が手配していた船で、大島まで送ってもらったのだ。

そして翌日、朝一番の高速船に乗って竹芝《たけしば》客船ターミナルまで行き、入社したばかりの「ライフ商事」が手配したハイヤーに乗り込んだのである。

「わざわざ港まで迎えに来てもらって、悪かったね」

滝川は再び黒河に声をかけた。

「滝川さんには、社長をはじめ、幹部の人たちも期待していますから。このくらいの待遇は当然です」

「おっ、嬉《うれ》しいこと言ってくれるねぇ」

滝川の返した言葉に対して、黒河は冷たい視線を向けると、再び、無言で前を向いた。

「えーっと、キミの名前は……」

「黒河加奈子です」

「大きなお世話かもしれないけどさ、キミ、もうちょっと、笑ったほうがいいと思うよ」

「はぁ？」黒河が眉間《みけん》に皺《しわ》を寄せた。

「ほら、せっかく俺《おれ》たち、こうやって出会ったんだからさ。なんかこう、もっとフレンドリーにいこうぜ」

滝川の言葉に、黒河は露骨《ろこつ》に不愉快な表情を浮かべた。しかし、滝川は一切意に介さなかった。

「ところで、黒河さん、いくつ？」

「27です」

「おおぉ、若いねぇ。俺の5つ下か。で、彼氏は？」

「いません」

滝川は指をパチリと鳴らした。

「っていうことは、俺、本気で口説《くど》きにいっちゃっていいってことかな。実は俺も今、フリーなんだよ」

意気揚々《いきようよう》と話す滝川に、黒河は冷めた表情のまま前を向き続けた。

「私、頭の悪い人、嫌いですから」

「うっへ、ひでぇ言われようだな」滝川が口を歪める。

「俺、そんなに頭、悪そうかな？」

その問いかけに対して、黒河は「少なくとも――」と前置きをして、言葉を繋いだ。

「私はお会いするまで、すごく頭のいい人だと思っていました」

「あれ、俺ってそんなに前評判よかったの？」

「社長や副社長からは、売上をV字回復させてくれる素晴らしいマーケティングのノウハウを持った人物だと伺っています」

その言葉に、滝川は心地よいプレッシャーを感じていた。

大学卒業後、大手商社で実績を積み上げた滝川は、どっぷりとマーケティングの魅力にはまっていた。さらにこのノウハウを突き詰めたいと思い、会社を退職してアメリカの大学院に留学。マーケティングを専攻してMBAを取得したのだ。

滝川はスキルアップした自分の能力を、さらにビジネスの現場で試したいと思い、転職エージェントに依頼して就職先を探し始めた。そして、そこに声をかけてきてくれたのが、中堅総合商社の「ライフ商事」だったのである。

今年で32歳になる滝川は、おそらく会社の中で中核社員となり、馬車馬のように働かされることになるだろう。そうなると、趣味の秘境めぐりも、しばらく楽しめなくなる。それならば、日本に帰国した際、以前からずっと行きたかった猿ヶ島の祭礼を見に行こうと思い、入社のスケジュールに合わせて、今回、猿ヶ島に渡ったのである。

「そろそろ到着しますよ」

黒河は、世間一般の誰の目から見ても〝美人〟の部類に入るような女性だった。ハーフのような整った顔立ち。巻き髪に軽くウェイブがかかり、ミニスカートからは細くて長い足がスラリと伸びる。

滝川は秘書のルックスを見て、ライフ商事の社長は、かなりダンディな男性だと予測した。美人を秘書に選ぶ社長は、決まっていい男である可能性が高い。

転職に関する全《すべ》ての契約を、転職エージェントに任せていたため、滝川は一度も会社の幹部社員と顔を合わせていなかった。滝川は、どんな社長と出会えるのか、胸を高鳴らせながらハイヤーから降り立った。

ライフ商事の本社は、東京都江東区《こうとう》の新木場《しんきば》にあった。

東京湾が一望できる社長室に案内されると、そのまま奥にある応接室に通された。しばらくすると、黒河が硬い表情で入ってきた。

「急遽《きゅうきょ》、社長に来客がありまして……代わりに、副社長が挨拶《あいさつ》をすることになりました」

その言葉に滝川は「ノープロブレムだよ、ぜんぜんオッケー」と軽い口調で返した。黒河はイラッとした表情を顔に出しながらも、「副社長を呼んできます」と言って、再び応接室から出ていった。

しばらくすると、ドアがノックされた。それと同時に滝川が立ち上がると、入り口から、顔全体が毛むくじゃらの男が入ってきた。

猿――？

滝川の頭に奇妙な言葉がよぎった。しかし、あまりにも衝撃的な風貌《ふうぼう》だったので、その言葉を口に出すことはできなかった。何かのジョークかと思ったが、そのような雰囲気はどこにも漂《ただよ》っていなかった。しかも、その男のうしろから一緒に入ってきた黒河も、何事もなかったように応接室に入ってきて、そのまま滝川の隣に腰をかけた。

「キミが、滝川君かね」

副社長と思われる毛むくじゃらの男は、少し甲高《かんだか》い声で滝川に話しかけてきた。滝川は「は、はい」と言葉に詰まりながらも、改めて男の顔を見た。茶色い毛が頭全体に生えており、顔は真っ赤で全体的に吊《つ》り上がっており、上を向いた鼻に、目は茶色くてまん丸、口が前に突き出している。近くで見てもマスクではなさそうである。特撮のメイクにしては、あまりにも精巧にできすぎている。

そこで改めて、滝川は目の前に座る副社長が、〝猿〟であることを確信した。いや、スーツを着て人間と背格好が同じだから、正確には猿ではない。しかし、顔は明らかに猿回しに出てくるニホンザルそのものだった。

なぜ、猿が人間の言葉を話すんだ？

いや、それよりも、なんで猿が副社長なんだ？

いやいや、もっとおかしいのは、隣に座っている社長秘書の黒河が平然としていることだ。このキテレツな現状をなんとも思っていないのか？

動揺する滝川をよそに、副社長のニホンザルは淡々と話を進めた。

「滝川君に来てもらったのは、他でもない。我が社では5つの事業を別々の部門に分けて展開しているが、ここ数年で、急激に売上が落ちてきてしまっている。昨年度の利益はトントンといった状況だ」

滝川は会話に集中しようとしたが、ニホンザルが人間の言葉を話す光景に心を奪われてしまい、言葉が耳に入ってこなかった。

「おそらく、社内のマーケティングの戦略が、どこかで間違っているのではないかと予想している。ただマーケティングは外注できない。ビジネスそのものだからな。そこで、人間のくせに、マーケッターとしての知識と経験があるという滝川君に、我が社の社員として入社してもらったのだが……滝川君、私の話を聞いているかい？」

はい？　と滝川は間《ま》の抜けた声を出した。

「なんか、キミ、上《うわ》の空《そら》っぽいよ」

副社長の表情が急に険《けわ》しくなった。そして、突然、毛を逆立てて、犬歯をむき出しにして、「キッキー！」と奇声を発し始めた。

「目を見ちゃダメ！」

横に座っている黒河が、滝川の耳元でささやいた。滝川が「は？」と言い返すと、「噛《か》みつかれますよ！」と言って、滝川のわき腹を肘《ひじ》でこづいた。

目の前のニホンザルは頭の毛を逆立て、顔を真っ赤にして「キッキー！」と奇声を発し続けている。しかし、1分ほどすると、頭の毛がしんなりしてきて、表情も穏やかになっていった。

「人の話は、ちゃんと聞きなさい」

副社長は、先ほどまでの怒りの状態がウソのように、大人しい口調で話し始めた。滝川は、「〝人の話〟じゃなくて〝猿の話〟だろ」と心の中で思ったが、今はそんな冗談を言っている場合ではない。

副社長のニホンザルは毛づくろいをしながら、再び仕事の話を始めた。

「とにかく、滝川君には我が社の5つの事業部の立て直しをお願いしたい。一応、社長からは1年以内に、利益を10億円にするようにとの指示が出ている」

この目標数値を聞いて、動揺していた滝川の心は、少し落ち着きを取り戻していた。

事前にもらった資料では、ライフ商事の年商は200億円だと書かれていた。とすれば、10億円という金額は低くない目標だが、利益率で考えれば5％でよいことになる。破格の待遇でアメリカから呼び寄せた自分に対して、もっとハチャメチャな目標を提示してくるのかと思っていたが、これぐらいの目標であれば、結果を出すことは決して不可能ではない。

「任せてください」

滝川が力強く言うと、ニホンザルはニヤッと笑って、茶色い目で睨《にら》みつけてきた。

「まぁ、うちの会社はこう見えても、いろいろ歴史のある会社でね。滝川君も分かっているとは思うが――」

ニホンザルはそう言いながら、滝川の胸元のワイシャツから覗く金のネックレスをじっと見つめた。

「格好は個人の自由だから、とやかく言わないが……あんまりハメを外《はず》したことはしないでくれよ。特に人間であるキミたちは、たまに私たちには考えられないような、ずる賢い行動を取ることがある」

「ずる賢い、ですか」

その問いかけに、ニホンザルは「まぁ、いい」と言葉を濁《にご》した。そして、席から立ち上がると、滝川の肩をポンと叩《たた》いた。

「頼んだよ。ライフ商事の将来は、キミの活躍にかかっているんだからね」

副社長はそう言うと、応接室の出口に向かって歩き出した。「キッキー」と奇声を発するその姿を見て、滝川は再び、猿が副社長である現実を突きつけられた。

「あれは、一体何なんだよ！」

応接室で黒河と2人っきりになったとたん、滝川は大声で叫んだ。

「あれって、何のことですか？」

「猿だよ！　猿！　副社長が猿だったじゃないか！」

「それが何か？」

「『それが何か』じゃないよ！　猿が人間の言葉を話すんだぞ」

「ええ、当たり前のことじゃないですか」

滝川の顔が青ざめる。

「キミ……今の光景を見て、おかしいと感じなかったのか？」

「おかしいのは、滝川さんのほうですよ」

黒河は軽いため息をついた。

「だって、世の中の会社の部長以上の役職は、みんな猿って決まっているじゃないですか。副社長が人間だったら、そっちのほうが驚きですよ」

この言葉の意味を、滝川はまったく理解できなかった。

部長以上の役職はみんな猿――。

何か言い返そうとも思ったが、あまりにも頭が混乱してしまって、返す言葉が見つからなかった。

猿の部長

目次

GENERAL MANAGER OF THE APES

第1章

一戸建てを「即完売」させることが、なぜいけないのか？

――儲かる市場規模を探し、
そこで儲かるポジショニングを取る

GENERAL MANAGER OF THE APES

滝川がライフ商事に就職して、1週間が経《た》った。

自分の業務も理解して、各事業部の計画書や決算書にも目を通した。1年以内に10億円の利益を上げるために、戦略を作って実行することは、確かにハードルの高いミッションではある。しかし、滝川の持つマーケティングノウハウを駆使《くし》すれば、決して難しい話ではなかった。

それよりも——滝川はこの1週間、今、自分が存在している〝世界〟について考察することで、頭がいっぱいだった。

まず、最大の謎《なぞ》は、猿が人間と同じような格好をして、人間と同じ言葉を話すという現実だった。さらに、部長以上の役職には、必ず猿が就《つ》いており、人間と一緒に普通に仕事をするのである。このSF映画のような世界に、滝川は何度も気がおかしくなりそうになった。

しかし慣れとは怖《こわ》いものである。1週間も経つと、その環境に滝川は疑問を感じなくなっていた。部長が猿であったとしても、人間の〝部長〟と外見が違うだけで、他はまったく同じだった。仕事中に冗談を言ったり、部下を激励したり、行動そのものは人間のサラリーマンとなんら変わりがない。それに〝猿〟と言っても、ニホンザルだけではない。キツネザル、オナガザル、リスザル、オランウータン等、霊長目全般《れいちょうもく》が、この世界では人間と一緒に社会生活を営んでいた。時々、仕事中に毛づくろいをしたり、突然、「キッキー」と奇声を発したり、猿らしい行動を取ることはあったが、仕事に関しては〝猿だから困る〟ということは、何ひとつなかった。

むしろ、驚いたのは、この世界の人間の仕事の能力のレベルが、あまりにも低いことだった。

ほとんどの人間が指示された通りのことしかできず、仕事のモチベーションが低い社員ばかりだった。猿のほうが、人間よりも仕事に対しての意欲もあり、提案力も何倍も優れていた。猿たちは人間の仕事の能力の低さを毎日のように嘆《なげ》き、逆に、人間たちはバリバリと働く部長の猿たちを尊敬して、憧《あこが》れているような状況だった。

「俺《おれ》も、猿みたいにバリバリ仕事ができるようになりたいよぉ」

「猿のように、能力が高くなるためには、どうすればいいのか」

入社４日目に歓迎会を開いてくれたのだが、酒を飲みながら人間の社員たちは、「猿のことが羨《うらや》ましい」とばかり口にしていた。中には「猿に生まれてくればよかった。自分は運が悪い」と嘆く人間の社員もいるぐらいだった。

努力もせずに、運のせいにしている人間ばかりでは、『部長以上が全《すべ》て猿』という、この世界のルールにも納得がいく。もし、部長以上の役職に人間を抜《ばっ》擢《てき》したら、おそらくライフ商事は潰《つぶ》れてしまうだろう。人間の滝川ですら、猿の肩を持ってしまうほど、この世界の人間は仕事ができなかった。

ここで、滝川はひとつの仮説を立てることによって、この常軌《じょうき》を逸《いっ》した世界を、少しだけ落ち着いた視点で見られるようになった。

パラレルワールド――。

ある時空から分岐し、それに並行して存在する別の時空のことを意味する言葉である。自分の住んでいた世界と、同じような世界が別の時空に存在していて、何らかの理由で、滝川は〝別のもうひとつの世界〟に迷い込んでしまった。それが、『部長以上が全て猿』という歪《いびつ》な社会だった――これが、自分の置かれている状況を説明できる、滝川の唯一の考え方だった。

実際、『部長以上が全て猿』ということ以外は、自分の世界と違うことはほとんどなかった。昔の友人はちゃんと存在しているし、両親も健在で何も変わっていない。自分の住んでいた街の風景やテレビで流れる番組、街を歩く人たちの会話などは、自分のいた世界とまったく同じである。滝川が日本にいた頃に通いつめていたキャバクラの女の子も変わっていなければ、行きつけの日焼けサロンの社員も、みんな、同じように働いていた。

しかし、自分が以前勤めていた会社に電話をかけると、やはり部長以上は全て猿にすり替わっていた。そして、当時の人間の部長たちは、その猿の部下になって働いていた。

また、この世界の全人口を見ると、どうやら猿が占める割合は1割にも満たないようだった。経済新聞や経済ニュース等を見ると、猿がよく目につくが、街の中や電車の中では、ほとんどと言っていいぐらい猿を見かけることはなかった。おそらく、猿は給料も高く、人間たちと同じような生活を送っていないのだろう。滝川はそう思うと、ますます、この世界が猿によって牛耳《ぎゅうじ》られている現実を思い知らされた。しかし、だからといって、滝川にこの世界から逃げ出す術《すべ》はなかった。どうして自分がこの世界に迷い込んでしまったのか、そして、なぜ猿が人間たちより仕事の能力が高いのか、この謎については、周りの人間に聞いても何も分からなかった。

そして――滝川は、最近になって、この世界のことについて、いろいろ考えることを止《や》めることにした。この世界に来てしまった運命が、自分の幸福や不幸を決めるのではなく、その環境が与えられただけなのだ。『部長以上が猿』ということの世界で、どうやって生きていくのかは、自分の心と行動が決めることで、その結果は自分に責任がある。だから、とにかく、今は目の前の仕事を一生懸命やることに決めたのだ。そして、この世界の謎が解けるきっかけがあれば、またその時、考えればいい。

それに、猿との知恵比べも、それはそれで面白そうである。猿がそんなに優れているのなら、ぜひ、その仕事ぶりを見せてもらおうではないか。もし、ここで自分のマーケティングの能力が高いことが証明されれば、秘書の黒河《くろかわ》だって、自分に対して一目《いちもく》置いてくれるはずである。いや、黒河だけではない。この世界の女性全員が、仕事のできる俺を尊敬のまなざしで見てくれるかもしれないのだ。

生まれつき楽天的な滝川は、そんなよこしまな思いを抱きつつ、この不思議なパラレルワールドに次第に順応していった——。

10%値下げしても、利益が出ればOKか?

最初に立て直しを命じられたのは、不動産事業部だった。

「不動産事業部の部長は、気性の荒いチンパンジーです。言葉使いや態度には十分気をつけてください」

アシスタントを1人用意して欲しいと副社長に要望したところ、社長秘書である黒河をつけてくれた。彼女のような美人のアシスタントなら大歓迎だ。しかも、彼女は他の人間たちと違って仕事もできるという。ただ、時折、黒河にはキツイ言動が混じることがあった。おそらく、滝川があまり猿たちを好いていないことが分かるため、敵対視しているのかもしれない。この世界では、猿は尊敬の対象であり、人間よりも優れているというのは絶対的なルールなのである。

2人が向かったのは、埼玉県川口市に本部を置いている不動産事業部だった。主な事業は新築一戸建ての分譲住宅販売で、チンパンジーの部長を筆頭に、40人の人間の社員が働いていた。

「バカヤロー、座るんじゃない！」

滝川がドアを開けるなり、社内に罵声《ばせい》が響き渡った。部長と思われるチンパンジーは、立っている社員の頭を、丸めた書類でポカポカと叩《たた》いていた。

「客とアポが取れるまで、立ったまま営業の電話をしろって言っただろ！」

「しかし……もう300件近く電話をかけていますが、ぜんぜんアポが取れないんです」

「お前はアホか、男なら根性見せてみろ！　300件電話をかけてアポが取れなかったら、600件電話をかければいいだけだろ！」

チンパンジーはそう言うと、その社員の前に新たな名簿の束を渡した。

「ここに載っている電話番号に全部かけ終わるまで、席に座るんじゃないぞ。今度座ったら、電話の受話器を手に括《くく》りつけてやるからな、ウッキー！」

滝川はその光景を見て、いたたまれない気持ちになった。このようなブラック企業が存在するという噂《うわさ》は耳にしていたが、それ以上に、チンパンジーに怒《ど》鳴《な》られている人間の姿を見て、悲しい気持ちになったからだ。

そこに、1人の人間の社員が営業から戻ってきた。

「部長、やりましたよ！　今日から発売を開始した10棟の分譲一戸建てを、完売させてきました」

得意げに話す社員の言葉に、事務所にいた社員が大きな拍手を送った。

「即日完売かっ！　よくやったぞ！」

チンパンジーが歓喜の声をあげると、その人間の社員に近づいて握手をした。

「みんな、コイツを見習って、他の分譲住宅も全部売り切るんだぞー！」

チンパンジーの号令に、社員が一斉《いっせい》に「はい！」と大声で返事をした。

「人間たちは、本当に仕事ができないんだよ」

チンパンジーはそう言いながら、会議室に滝川と黒河を通した。

「世の中には、社員のモチベーションを上げる手法なんてのが出回っているらしいが、あんなのは全部ウソっぱちだ。部下のやる気は、プレッシャーをかけてやると、一番効果が上がるんだ。人間の世界でいう体育会系ってやつも、それで成長させているんだろ。さっき、即日10棟を売り切った社員を見たか？あいつなんて、入社した頃は、ぜんぜん使いものにならなかった。それを、俺が毎朝、腕立て伏せと腹筋を300回やらせたから、優秀な社員に育ったんだ」

チンパンジーは興奮しながら「ウホォ、ウホォ」と言って、手を叩きながら、言葉を続けた。

「俺も、学生の頃、体育会系に所属していたんだよ」

「何のスポーツをされていたんですか？」

滝川が尋ねると、チンパンジーは「ゴルフ部だ」と得意げに答えた。

「就職の時は、プロゴルファーの道を選ぼうと思ったぐらいだからな」

チンパンジーがゴルフ——滝川は心の中で「これが本当の『プロゴルファー猿』か」と呑気《のんき》なことを思った。目の前でゴルフの素振りをするチンパンジーを見て、さらに笑いがこみ上げてきた。

「滝川君、何がおかしいんだね」

笑いをこらえる滝川に気づいたのか、チンパンジーの毛が逆立ち始めた。そして奇声を発しながら滝川を睨《にら》みつけてきた。この習性は副社長のニホンザルが怒った時と同じである。

横で黒河が、「言葉使いには気をつけてくださいって、あれほど言ったじゃないですか」と息巻いた。

「だって、しょうがないだろ。ゴルフをする猿の姿を見て笑わないキミのほうがおかしいよ」

滝川の反論に黒河は「1分待ってください」と落ち着いた口調で答えた。

「1分待てば、元に戻るのか？」

その質問に、黒河は少し驚いた表情で「知らないんですか？」と言って言葉を続けた。

「猿のみなさんは、怒りの感情がこみ上げてくると、我を忘れて無我夢中で怒り出すんですよ。その間は、彼らの耳には何も入ってきませんし、思考も止まったままです。でも、目を見てはいけません。嚙《か》みつかれますから」

黒河が言い終わるのと当時に、チンパンジーの毛並みが戻り始めた。

「ホントだ。ちょうど1分で元に戻ったぞ。なぜなんだ？」

「さぁ、あえて深く考えたことはないんですが」

黒河と滝川が小声で話しているところに、気持ちを落ち着かせたチンパンジーが言葉を挟んできた。

「とにかくだ――滝川君、キミがマーケティングのプロだということは、本社から聞いている。しかしだな、うちの不動産事業部には、ちゃんとしたマーケティングの戦略があるんだ。こう見えても、俺は大学ではマーケティング論をかじっていたもんでね。闇雲《やみくも》に部下にプレッシャーをかけているだけじゃない。業績なんてすぐに回復できるさ。残念ながら、人間のキミに出る幕はない」

チンパンジーの言葉からは、明らかに人間を見下している感情がむき出しになっていた。しかし、滝川は、このような差別的な対応をされることを、ある程度、想定済《そうていず》みだった。

「おっしゃる通りかもしれません。不動産事業部には、マーケティングの能力が低い人間が、口を出す必要はなさそうですね」

その言葉に、黒河の口から「えっ」という驚いた声が漏《も》れた。「それを言ったら、あなたを中途採用した意味がないでしょ」という台詞《せりふ》が、喉元《のどもと》まで出てきそうな顔をした。しかし、構わず滝川は言葉を繋いだ。

「では、勉強のために、今、不動産事業部が取り組んでいるマーケティングについて、少し教えていただけますか」

チンパンジーは得意げな表情で語り出した。

「まず、周辺の競合会社の新築物件の価格を調査したところ、俺たちが売っている物件は、価格が高いことが分かったんだよ。だから、一戸5000万円の価格を10％下げて、4500万円で売らせることにしたんだ」

「簡単に言えば、安売りをした、ということですね」

チンパンジーは不機嫌そうに「人聞《ひとぎ》きの悪いことを言うな」と吐き捨てた。

「人間どもは知らないかもしれないが、新築住宅は、そもそも価格の弾力性が高い商品なんだよ」

チンパンジーはペンを取ると、机の上にあったチラシの裏に「価格の弾力性」の数式を書いた。

価格の弾力性　＝　需要の変化率　÷　価格の変化率

「つまり、価格を上げると極端に買いたい人が減って、価格を下げると、ものすごく売れ行きがよくなるってことなんだよ。そもそも、銀行からお金を借りて土地を買って建物を作って分譲しているから、売れ残れば、俺たちが利息を支払うことになる。営業する社員の人件費だってかかるだろ。だから一戸建ては、価格を下げてでも早く完売させて、在庫を抱えないほうが、賢い売り方なんだよ」

「でも、10％も価格を下げてしまったら、利益が出ないんじゃないですか？」

滝川の言葉に、チンパンジーは「ウホッ、ウホッ」と手を叩いて笑い出した。

「キミ、本当にバカなんだな。まぁ人間だからしょうがないか」

チンパンジーは鼻の穴を大きく膨《ふく》らませた。

「赤字になる価格まで下げるわけがないだろ。それは知恵のない人間どもがやる売り方だ。俺たちは、10％下げた価格でも、広告費や人件費を差し引いて利益が出ることを計算済みで値下げして売ったんだよ」

滝川は、一瞬、口を真一文字にしたあと、ゆっくりと口を開いた。

「部長、10棟もの一戸建てが即日完売してしまうのは、明らかに価格が安すぎる証拠ですよ」

「はぁ？　売れていて、利益が出ているんだから、いいじゃないか」

チンパンジーが眉間《みけん》に皺《しわ》を寄せた。横に座る黒河が気まずそうな顔をして「言葉使いには気をつけてください」と言って、スーツの袖《そで》を引っ張ってきた。しかし、滝川はその手を無碍《むげ》に払いのけると、語気を強めて話し始めた。

「価格を下げると、『あの会社の一戸建ては、安売りをする』というレッテルが貼《は》られて、ブランド力が落ちてしまいます。しかも、同じ地域で過去に販売した中古物件の価格も下がりますから、『自分たちには高く売ったくせに、あとで安く売っている』という恨《うら》み節の口コミが広まります。そうなれば人気が落ちて、さらに安売りをしなければ売れなくなり、値下げのスパイラルはもっと激しくなりますよ」

滝川の反論に、チンパンジーは顔をぐにゃりと歪《ゆが》めた。そして「それはだな――」と言って、少し考えてから、先ほどより小さい声でぶつぶつと反論を始めた。

「一戸建てを買ったやつらなんて、今後、お客にはならないから、無視すればいいんだ。とにかく、俺たちは、新しいお客を探し続けて、売ればいいんだよ」

滝川は大きく首を横に振った。

「そんな考え方じゃ、いずれこの事業部は潰れますよ」

「なんだと！」

チンパンジーは机の上に上半身を乗り出して滝川を睨みつけた。しかし、滝川も負けずに睨み返して、チンパンジーの顔の数センチ近くまで自分の顔を寄せた。

「もう一度言いますよ。耳の穴をかっぽじってちゃんと聞いてください。このままじゃ、不動産事業部はつ・ぶ・れ・ま・す」

「うるさい！　お前みたいな人間に何が分かる！　しかもホストみたいな格好しやがって」

「猿よりもホストのほうがずっとマシですよ」

「なにぃ！」

「猿みたいな格好をした人間のほうが、ずっとオカシイでしょ」

「俺は〝猿みたい〟じゃなくて、猿だ！」

「えっ、ワイは猿だ！　プロゴルファー猿だ！　ですか？」

滝川が茶化《ちゃか》すと、２人の言い合いに、黒河が「いい加減にしてください！」と言って割って入ってきた。２人はフンと鼻を鳴らすと、そのままソファに腰をかけた。

しばらくの沈黙のあと、最初に口を開いたのは滝川だった。

「とにかく――人口が減っているこの国で、どこにそれほどの新規のお客がいるんですか？」

チンパンジーは手でアゴを押さえながら、そっぽを向いて答える。

「さっき、部下に渡した名簿に載ってただろ。あれが新規顧客だ」

「あの名簿の番号にかけ終わったら、次はないですよね」

「あれは埼玉県だけだ。他にも東京都、神奈川県、千葉県の名簿もある」

「県外のお客が、川口市の住宅を買う確率はもっと下がりますよ。『埼玉県の川口市』と聞いて、どのくらい栄えている街で、人口がどのくらいで、どの鉄道の何駅があるのか知らない人もいるはずです。やっぱり住宅は、地元で土地勘《かん》のある人が買うことのほうが、圧倒的に多いはずです」

「……まったく買わないわけじゃないだろ」

チンパンジーが滝川の意見に食い下がった。

「では、お客から分譲住宅について説明して欲しいと言われたら、社員が県外までわざわざ出向くんですか？　そんなことをやっていたら、無駄《むだ》な人件費や交通費がかかって、今よりも利益は減ってしまいますよ」

「まぁ……そうだが……こいつは買いそうだと思った時だけ、出向けばいいんじゃないか？」

「そんなことに気づける社員だったら、埼玉県の人に売れるでしょ」

「うーん……まぁ」

チンパンジーの声は次第にトーンダウンしていった。そして、小声で「人間のくせに……理屈っぽいやつだ」と言って腕を組んで考え込んでしまった。

「地元にいるお客の数には、限りがあるんです。そして、東京都の都心部以外では、新築の分譲住宅の市場は、確実に縮小していきます。そうしたら、リフォームの市場が拡大するはずです。その時に、安売りしたことで、この地域からの信頼を失っていたら、その受注すら取れなくて、完全に負けますよ」

何も言い返せないチンパンジーは、指をしゃぶり始めた。代わりに黒河が言葉を挟んできた。

「では、値下げせずに一戸建てをどうやって売ればいいんですか？　価格を上げれば利益は増えますが、売れなきゃ意味がないですよ」

「おっ、鋭い質問してくるねぇ。やっぱりキミは仕事ができるね」

滝川はニヤリと笑うと、ソファから身を乗り出して言葉を繋いだ。

「値上げしても売れなきゃ当然、意味がない。だから、儲《もう》かる市場規模を見つけて、そこで儲かる『ポジショニング』を取ることが大事なんだ」

滝川は近くにあったホワイトボードに図を書き始めた（次ページ図①）。

狙うべき市場を絞り込む

「儲かる市場規模を探す時にやるべきことは、まずは市場をセグメンテーショ

川口市の住宅市場のセグメンテーション（賃貸住宅は除く）

年齢	人数	一戸建て			マンション	リフォーム		
		木造	鉄筋	鉄骨	鉄骨	木造	鉄筋	鉄骨
一次取得者 30代～40代	独身							
	家族							
二次取得者 50代～60代	独身							
	家族							

図①

ンすることが必要なんだ」

「セグメンテーション？」

黒河が首を斜めに傾けた。

「市場をお客の目線で分類するんだ。例えば、現在の一戸建ての市場は、30代から40代の一時取得者、つまり初めて土地と建物を買う人たちと、中古を売って買い換え、もしくは中古を取り壊して建て替える50代から60代の二次取得者に分かれる。一次取得者には40坪《つぼ》ぐらいの一戸建てを売り、二次取得者で広い土地を持っているならば、二世帯住宅や賃貸併用住宅への建て替えを勧めるべきなんだよ」

「うむ、確かにその通りだ。同じ一戸建ての市場でも、お客によって求める条件も大きく違ってくる」

指をしゃぶって拗《す》ねていたチンパンジーも、少しずつ滝川の話に興味を持ち始めた。

「この川口市の住宅市場のセグメンテーションの図は、1LDK、2LDK、3LDKなどの広さや賃貸併用住宅など、もっと細分化することもできる。ただ現在のライフ商事が狙《ねら》うべきセグメンテーションが分かればいいので、ここまでにして――」

滝川は、ホワイトボードの図の一部を太枠で囲った。

「現在のライフ商事は、太枠の中、つまり『川口市で一戸建ての木造』のセグメンテーションを攻めています。これでは広すぎるので――」

そういうと、今度はさらに表の一部に斜線を引いた。

「この『川口市の一次取得者に対して、40坪で3LDKの一戸建ての木造』を売るというセグメンテーションに集中するのがよいと思います」

「おいおい、滝川君、こんな大きな表で、これっぽっちの部分しか狙わんのか。他のセグメンテーションも攻めた方がいいんじゃないか？　実際、うちは木造の在来工法だから、二世帯住宅だって建てることができる。実際に、二次取得者からの注文住宅にはなるが、毎年、何棟かは作っているぞ」

「これからは、二世帯住宅は断ってください。あと独身で一戸建てを買う人は少ないと思うので、こちらも無視ですね」

「おいおい、ちょっと待てぇ！」

チンパンジーが声を上げた。

「時々お金持ちの独身女性が、お洒落《しやれ》な一戸建てを注文することがあるんだぞ。そのお客を捨てるのは、もったいないだろ」

「二世帯は家族が多いので打ち合わせ時間が長引きますし、お洒落な一戸建てを注文で受けていたら、設計図面を何度も書きなおすことになるでしょ。このライフ商事の不動産事業部は40人しかいないので、競合会社と比べても、少人数です。それなのに、セグメンテーションを広げすぎると、戦力が分散して効率が悪くなります」

「だが、これだけで儲かる市場規模になるのか？」

滝川は自分の鞄《かばん》の中から資料を取り出した。

「確かに、セグメンテーションを絞《しぼ》りすぎて、市場そのものがないこともあります。私も川口市について詳しいわけではないので、ここに来る前に、１年間で建てられた市区町村別の住宅の統計データを印刷してきたんです」

黒河が感心した声を上げた。

「へぇー、マーケティングのプロともなると、いろいろなコネを使って、統計データを集められるんですね」

「いや、このデータは埼玉県統計年鑑のホームページで、誰でも見られるんだ。これだけじゃない。マーケティングの戦略を作る時に必要になる統計データは、コネなんてなくても、簡単に手に入れることができる」

「私たちが、勝手に、統計データは手に入りにくいって、勘違いしているだけなんですね」

「その通り。思い込みって、怖いんだ。黒河さんだって俺のことを、見た目でバカそうな男だなぁって思い込んでいただろ」

「はぁ?」

「でも、俺のマーケッターとしての賢い一面を見ると、その思い込みも訂正せざるをえなくなるんじゃないかな。どう、少しは見直した?」

「滝川さん……」

黒河は滝川の目をじっと見つめて話し始めた。

「私、確かに滝川さんのことを、頭の悪い人だと思い込んでしまっていたところがありました」

「どうやら誤解は解けたようだね」

「誤解は解けました。でも、滝川さんの『自分はいい男だ』という思い込みも、同時に治したほうがいいと思います」

「……はい？」

「昭和の古いホストみたいで、正直、キモイです」

それを聞いて、隣に立っていたチンパンジーが転げ回って笑い出した。

「そうだ、そうだ、なんとなく古臭《ふるくさ》いんだよ、滝川君の態度と格好と雰囲気としゃべり方は」

滝川は２人に「うるさい！」と怒鳴りつけると、「話を続けましょう」と言って、資料の数字を指差した。

「このデータを見てください。川口市で木造の分譲住宅は1年間で２４００棟も建てられています。このうち、10％のシェアを取るとすれば、1年間約２４０棟、１ヶ月20棟の販売が目標になります」

「そうすると、今、４５００万円で売っているから、1年間で１００億円の売上となる……おお、ちょうど今年目標にしている売上高だな」

「今まで、不動産事業部で100億円の売上を達成したことがありますか?」

「まだ、ない」

「ということは、このセグメンテーションに絞っても、十分儲かるってことです。それに、その壁に貼ってある上空からの写真を見ると、川口市には、まだまだ田んぼや空き地が目立ち、開発できる土地がたくさんありそうです」

滝川は壁に貼ってある航空写真を指差した。

「人口の統計のデータも見てきましたが、川口市は交通の便がよく、若い世代が増えているエリアなので、『川口市の一次取得者に対して、40坪で3LDKの一戸建ての木造』を売る戦略でいくべきだと思います」

「ちょっと、待て。この統計データは、40坪とか、3LDKとか書いてないぞ」

チンパンジーが慌《あわ》てた声をあげた。

「部長、先ほど、周辺の競合会社の新築物件を調査したと言っていましたよね。どういった分譲住宅が多かったですか?」

「40坪ぐらいの3LDKが、ほとんどだったけど」

「それが一番、売れ筋ってことですよ。つまり、それ以上、広くても、狭くても、売りにくいということなんです。40人の社員で、コンスタントに１ヶ月20棟も売るのは、大変なことです。そのため、ピンポイントでお客を絞るほど、売れる商品も作りやすくなるし、営業の効率もよくなるんです」

滝川はここまで話し終えると、チンパンジーの顔を改めて見た。チンパンジーは、目をうるうるとさせながら、「キキッ」と小さな声を発すると、机を飛び越えて、滝川のところに駆け寄ってきた。

「すごいじゃないか、滝川君！」

「は？　な、何がですか？」

「俺は今、もやもやとした霧が晴れたような気持ちだよ。少人数で戦う時には、相手にするお客をできるだけ具体的にイメージして、そこに戦力を集中させればいいのか。なるほど、さすがだな、滝川君は。まさに〝猿知恵〟だ」

「猿知恵……ですか？」

「あぁそうだ！　猿のように素晴らしい知恵を持つ、ということだよ」

滝川は、「意味が逆だろ！」と思ったが、せっかく自分の実力を認めてもらえたようなところもあったので、余計なことは言わないことにした。

「じゃあ、そのセグメンテーションでいこうじゃないか。よーし、まずは川口市とその周辺の賃貸住宅に家族で住んでいる30代と40代に営業をかけるぞ。えーっと、名簿、名簿はどこだったかな、ウッキー」

チンパンジーはそう言うと、3メートルほど飛び跳《は》ねたあと、興奮したのか、床に敷いていた絨毯《じゅうたん》をめくり、それをズルズルと引きずりながら「ウッキー！」と嬉《うれ》しそうに部屋の中を走り出した。

「部長、かなり喜んでますね」

黒河がホッとしたような口調で言った。

「これが、喜びのポーズなのか？」

「これが悲しみの姿だったら、そっちのほうがおかしいですよ。でも――」

黒河はそう言うと、チンパンジーが引きずっている絨毯を足で踏みつけて、動きを止めた。

「あのー。ちょっと待ってください」

「何だ？　キミも絨毯を引きずりたいのか？」

「違います！」

「分かった！　何かを引きずり回したいんだな？」

黒河は、顔をしかめてその言葉を無視すると、言葉を続けた。

「私の聞き間違いだったらすみません。これだと今までのセグメンテーションとあまり変わりませんよね？」

「どういうことだ？」

チンパンジーが首を傾《かし》げる。

「今までも、一戸建ての木造を売って、結局は一次取得者がほとんどだったわけですよね。それなら、このセグメンテーションをあえてやらなくても、いいんじゃないですか？」

その質問には、滝川が「いや、それには理由があるんだよ」と力強く答えた。

「理解して営業しているのと、闇雲に営業するのとでは、意味が違うんだ。マーケティングの戦略が失敗した場合、最初にセグメンテーションしておかなければ、次にどこを攻めればよいか分からなくなってしまう。世の中、失敗することのほうが多いから、その理由を知ることは、次の成功するマーケティングの戦略を作るうえで、絶対に必要なことなんだよ」

黒河はそれを聞いて、「なるほど」とつぶやいた。

「成功したビジネスの裏には、多くの失敗があるってことですね。でも――揚《あ》げ足《あし》を取るような質問なんですけど」

黒河は自分のノートに目を落としながら話し始めた。

「先ほど、『価格を下げない戦略』の話が出ましたが、それに関しては一歩も前進していないですよね？　結局、値下げした価格で、100億円の目標を狙うってことですか？」

滝川は「いい質問だ」と言って、言葉を返した。

「現段階では、儲かる市場規模を探すところまでであって、マーケティングの戦略は半分までしか完成していない状況なんだよ。次にマイケル・ポーター教授の競争戦略を使って考えることで、初めて『価格を下げない戦略』は完成するんだ」

滝川の言葉に、チンパンジーが「ポーター教授……ん？　……ハリー・ポッター教授のことか⁉」と間《ま》の抜けた声で聞き返してきた。

「部長……」

「何だ」

「魔法使いの話は隅《すみ》っこに置いといてください」

競争戦略

コストリーダー	差別化
集中化 （コストリーダー）	 （差別化）

図②

滝川は頭を抱えながらも、淡々と説明を始めた。

「まず、会社というのは『コストリーダー』『差別化』『集中化』の、どれかを選択しなくては、競合会社には勝てないんです」

滝川はそう言うと、ホワイトボードに図を書き始めた（上図②）。

3C分析を使って勝てるコンテンツを考える

「コストリーダー、差別化、集中化……何だ、こりゃ」

チンパンジーが腕を組んで、難しそうな顔をした。

「コストリーダーは価格を下げる戦略を意味します。差別化は価格を上げる戦略のこと。集中化はセグメンテーションを絞って、かつその中でもコストリーダーと差別化に分かれることをこの図で示しています」

チンパンジーは「ふーん」と言って図を見たあと、何かに気づいたのか、少し嬉しそうに話し始めた。

「うちの不動産事業部は全国区ではないので、川口市に集中化したコストリーダーだってことか……つまり、セグメンテーションもOKで、この競争戦略に当てはめてもOKってことだな」

「ちょっと待ってください。OKではありませんよ。一次取得者に対してコストリーダーを仕掛けると、どうしても給料が低いお客が対象になりますよね？」

チンパンジーはきょとんとした表情で「その通りだが」と答えた。

「では、聞きますが、本当に、価格競争をして、競合会社に勝てると思いますか？　コストリーダーでいくなら、差別化は捨てることになりますよ。この図を見ての通り、両方を取ることはできませんからね」

滝川の鋭い指摘に、チンパンジーは表情を曇らせた。ライフ商事の不動産事業部は、全国では業界の100位以内にも入らない規模で、知名度もない。それに、一戸建てだけではなく、マンションも建てている大手不動産会社とでは、販売する戸数が100倍以上違うため、キッチン、トイレ、風呂《ふろ》などの設備を安く仕入れることはできない。大量の広告を出し、安売りで攻めてくる大手不動産会社に勝つことは不可能と言ってもいいだろう。

ただ――。

まったく勝算がないわけではなかった。チンパンジーは真剣な表情で、滝川に自分の考えをぶつけてみることにした。

「確かに、その通りかもしれん。大手不動産会社と価格競争をしても勝てないだろうな。だがな、川口市で木造住宅に限って言えば、うちの会社の規模は5番目以内には入る。地道な営業活動のおかげで、そこそこ会社名も知られてきた。社員の数も、川口市で営業するならば、十分なはずだ」

しかし、この言葉に滝川は首を横に振った。

「部長、全国的に有名な安売りの不動産会社が、川口市とその周辺に営業拠点を出す計画があるという噂、聞いていますよね？」

チンパンジーの心臓がドクンと鳴った。一番考えたくないことだったので、すっかり思考からその情報が抜け落ちていた。

「それもあって、住宅を早く売ってしまおうと焦《あせ》って、価格を下げる指示を社員に出していたのではないですか？」

チンパンジーは再び指をしゃぶり始めた。指摘されたくないことを見抜かれてしまったことに、情けなさと怒りが頭の中で錯綜《さくそう》して、どんな態度を取ればいいのか分からなくなってしまったようだ。

「安売り競争が激化すれば、体力のある大手不動産会社だけがコストリーダーとして生き残り、他は全て潰されますよ」

チンパンジーは困った顔をしながら、さらに激しく指をベチャベチャとしゃぶり始めた。横にいた黒河は「だったら――」と言って、ホワイトボードに書かれた図を指差しながら話し始めた。

「『コストリーダー』ではなく、他社との『差別化』で売る戦略を取ったらいいんじゃないですか？　お金持ちを狙った1億円以上の高級住宅を売れば、ライバルにも負けないし、価格を下げなくてもすむじゃないですか」

その言葉にチンパンジーは「それだ！」と言って相槌《あいづち》を打つと、黒河と嬉しそうに顔を見合わせた。そして2人でハイタッチを繰り出して、「イエーイ！」とわけの分からない雄たけびをあげた。

しかし、滝川はすぐに「そんな簡単な話じゃないです」と釘《くぎ》を刺して、2人の笑顔を捻《ひね》り潰すような視線を送った。

「いきなり、『40坪の3LDKの木造住宅を売る』というセグメンテーションを捨てるんですか？　まぁ、そこから考え直してもいいですけど、川口市に集中化の差別化によって、1億円以上の一戸建てを買うお金持ちというセグメンテーションで、儲かる市場規模に達しますかね？　そもそも、ライフ商事の一戸建てに1億円の商品価値がありますか？　お金持ちへの営業が今の社員にできますか？　高い一戸建てがもし売れなければ、売上が激減するリスクも背負うことになるんですよ」

滝川が矢継《やつ》ぎ早《ばや》に責め立てると、黒河は頬《ほお》を膨らませて口を尖《とが》らせた。

「じゃあ、どうすればいいんですか？」

その言葉に滝川は表情を変えずに「方向は間違っていないんだけどね」と言って、ウインクを飛ばした。黒河は「そこが昭和臭いんですよ」と毒づいたが、構わず滝川は話を続けた。

「黒河さんの言う通り、『集中化の差別化』を狙うのは間違っていない。ただ、今の社員が営業するならば、お金持ちではなく、普通のサラリーマン世帯をターゲットにするしかない。それでも、価値がある商品を作れば、少し給料が高いサラリーマンが、お金を出すはずだ。つまり――」

滝川は少し溜《た》めを作ったあと、ゆっくりと口を開いた。

「プチ富豪を狙うんだよ」

「プチ富豪？」

「この川口市は、埼玉県の中では、もっとも東京駅に近い街で、年収が高い人も多い。だから、夫婦の年収を合わせて１０００万円以上で、ちょっと生活にゆとりのあるサラリーマン層をターゲットにするんだ」

今まで、しょげかえっていたチンパンジーが、前のめりで顔を突き出してきた。

「それだ！　それだよ！　よし、明日からそれで営業をかけるぞ！　ウキャキャキャ。確か、年収データが載っていた顧客名簿があったはずだ。どこだったかな～」

チンパンジーはそう言うと、嬉しそうにキャビネットに近づいて、書類の束をひっくり返し始めた。滝川はそれを見て、「ちょっと待ってください」と言葉を発して、チンパンジーの前に駆け寄った。

「まだお客のセグメンテーションへの集中化ができただけで、自分たちのビジ

3C分析

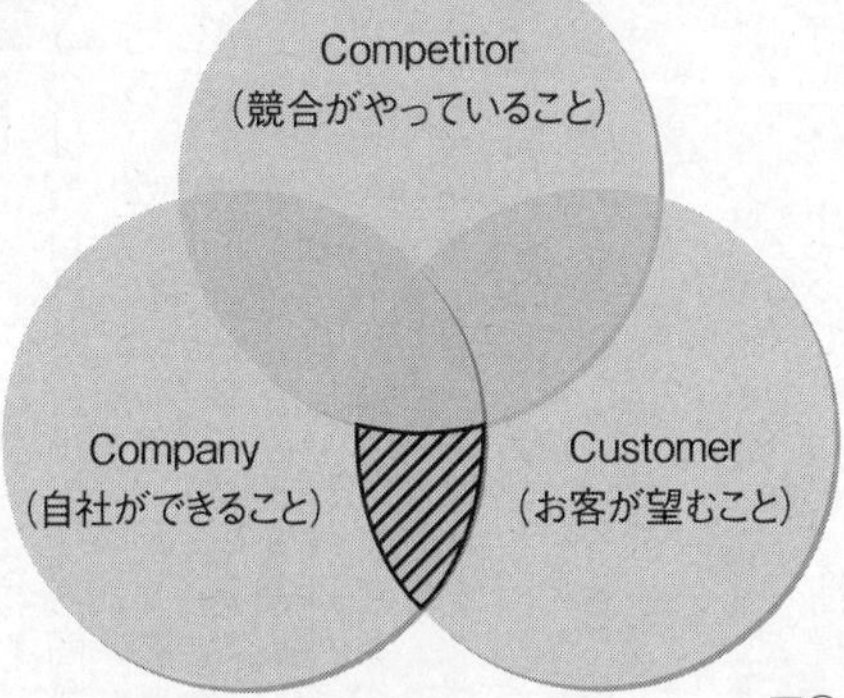

図③

ネスが差別化できていませんよ」

「差別化なら簡単にできるさ」

チンパンジーはそう言うと、得意げに話し始めた。

「うちは在来工法の木造だから、ちょっとした高級感を出すことはお手の物だ。価格を下げずに高く売れというのなら、キッチン、風呂、トイレなどの設備をグレードの高いものにするとか、太陽光発電を屋根に載せるとか、床や天井にヒノキを使うとか、いろいろな方法がある。それぐらいの提案ならば、社員に明日からやれと命令すれば、すぐにできるから大丈夫だぞ」

「いえ、私の言っていることは、そういうことではありません。ここは、3

C分析を使って、説明します」

滝川はそう言うと、再びホワイトボードに図を書き始めた（前ページ図③）。

「この図のアルファベットの頭文字を取ったのが『3C』です。そして差別化で狙うのは、自社で提供できる商品で、セグメンテーションされたお客が重なるところ、かつ競合がやっていない斜線の部分です」

滝川は、さらに表情を少し硬くさせながら、語気を強めた。

「もし競合会社から、設計の段階で同じ提案が出てきてしまったら、差別化にはなりません。例えば、部長がさっき言っていたグレードの高い設備や、ヒノキの天井や床も、仕入れるだけですぐに競合会社にマネされてしまうので、これらは差別化とは言えません」

「競合会社がマネできないことじゃなきゃダメなのか……そう、言われてもなぁ……ウッ、ウッ、ウッ、ウーッ」

チンパンジーは腕を組んで黙り込んでしまった。今まで〝差別化〟という言葉を何気なく使っていたが、消費者から見れば、自分たちの〝差別化〟などは自己満足でしかなかった。設計だって、ライフ商事に特別な技術があるわけでもなく、設備や材料を仕入れるメーカーだって、ほとんど同じだ。

滝川は、チンパンジーの気持ちを察したのか、先ほどよりも少し優しい口調で話し始めた。

「そんなに簡単に『差別化』のコンテンツが思いつけば、誰も苦労なんてしません。だから、考え抜くしかないんです。そして、その苦労を乗り越えて、本当の意味で差別化のポジショニングを探し出すことができた会社は、みんな成功していますよ」

「それでも、何か考えるヒントが欲しいなぁ」

「ヒントですか……まぁ、キリンになるってことですかね」

「キリン？　あの首の長い、図体《ずうたい》がでかい、それでいて動きが遅いやつのことか？　あいつらみたいに、俺はなりたくないぞ」

チンパンジーは、あからさまに不満そうな表情をした。

「その図体がでかくて、動きが遅いキリンが、なぜ生き残っているか、分かりますか？　同じポジションの動物は、相手を弾《はじ》き飛ばすんです。つまり、弾き飛ばされた種の動物は、絶滅するんです」

「うーん、それならば、キリンがなぜ、生き残れたのかを考えると……首が長いからか？」

「そうですよ。キリンは、他の動物が食べることができない、背の高い木の葉を食べることができるからです。もし、キリンが中途半端な首の長さであれば、身体も小さく、足が速い馬に弾き飛ばされて、絶滅していたはずです。ちょっと首が長いのではなく、ダントツで長いから、生き残ることができたんです」

「同じ猿でも、手が長いやつもいるし、短いやつもいるように、動物の中でも、首が長いやつと、短いやつがいるだろうからなぁ。だが、キリンは、それと比べても、まったく比較にならないぐらい長い首がある」

　チンパンジーは腕を組んで、うんうんと頷《うなず》いた。

「誰が見ても、キリンは首が長いってことで差別化されて、生き残れていることが理解できると思います。そう、キリンは、自分たちが生き延びるために、首を伸ばしたんです」

「でも、もっと時間が経てば、もしかしたら、１００年後、２００年後にキリンよりも、もっと首が長い動物が出てくるかもしれないぞ」

「いえ、そんなに高い場所には、動物が食べられるおいしい木の葉はありません。つまり、市場がないんです。恐竜がいた時代ならば、二酸化炭素の濃度が高く、もっと背の高い木がありましたが、今はないので、キリンの首の長さが限界でしょう」

そこまで話したところで、黒河が何かを思いついたように話し始めた。

「うちの住宅って、社員の設計士がヨーロッパで勉強していたこともあって、ヨーロッパ調のデザインが多いんです。だから、男の人はあまり気にしていないのかもしれませんが、主婦やＯＬの間では人気で、ネット上でうちの会社が建てた住宅の外観写真が、結構、出回っていたりするんです。これって、キリンの首ほどじゃないですけど、大きな差別化になりませんかね？」

その言葉にチンパンジーは、「キッキキッ」と黒河をバカにするように笑った。

「そんなもん、ウリになるわけないだろ」

「す、すみません」

「人間の女は物事を雰囲気やイメージで語りたがるんだよ。キミも、女子高生じゃあるまいし、そんなロマンチックなことを語る年齢じゃないだろう、えっ、違うか？」

「はぁ、すみません」

「黒河君は、どうも感覚が世間とズレていて――」

チンパンジーがそこまで言いかけたところで、滝川は「それだ！」と大きな声を発して、黒河に近づいていった。

「そのヨーロッパ調のデザインの家を、もう少し具体的なキャッチコピーで表現できないかな」

滝川は、目を輝かせながら、黒河に顔を近づけた。黒河は予想もしなかった滝川の反応に戸惑いながらも、考えをめぐらせ始めた。

「具体的なキャッチコピーですか。うーん、そうだなぁ。フランス風、いや、ちょっと違うかな。イタリア風、スペイン風……」

そこで黒河は「あっ」と言って、「料理じゃないけど、『地中海風』なんてどうでしょうか」と言葉を発した。それを聞いて滝川は「それ、いただきだ！」と言って、ホワイトボードに〝地中海風〟と書き記した。

「部長、地中海風の住宅ということで売り出していきましょう！　言葉のイメージもいいし、明るくてポジティブな印象をお客に与えられます。そもそも埼玉県は海がありません。チラシやパンフレットを作った時のギャップもあり、インパクト大ですよ。それに内装や設備のように、見学会に来てもらわないと分からないことではなく、住宅の写真を見ただけで違いが分かるところもいいですよ」

「こんな変わった〝強み〟でもいいのか？　しかも、海のない川口市で地中海風って……」

チンパンジーが心配そうに言うと、滝川は「いいんです！」と力強く言葉を返した。

「肝心《かんじん》なのは、『あなたの会社の一戸建てを買いたい！』とお客に思ってもらえる動機づくりなんです。例えば、ピザ屋さんの『30分以内にお届けします』というのも、最初は『そんな差別化で上手《うま》くいくのか？』と言われたと思います。先ほど説明したキリンだって、昔は馬から『首が長いって、何かのギャグでしょ』って言われたはずですよ。でも結局、ピザ屋もキリンも、この現在まで生き残った。ライフ商事の不動産事業部も、『地中海風の住宅』というコンセプトでやってみましょうよ」

チンパンジーの表情が少しだけ緩《ゆる》み始めた。

勝ち続けるために競合会社の情報を集める

「なるほど、完全に納得できる戦略ではないが……上手くいくのかな?」

「部長、世の中、全てが上手くいくことなんてありませんよ。だから、上手くいく方法だけを探すというのは、間違った考え方なんです」

「つまり、まずは、やってみるということが大切なんだな」

滝川は、少しずつ前向きな気持ちになってきたチンパンジーに対して、今後の注意点についても話し始めた。

「この戦略を実行するうえで、次の2つのことに気をつけてください。1つ目は、〝地中海風〟という絞り込んだコンセプトなので、川口市で一戸建てを買いたいお客のパイだけでは、儲かる市場規模に達しない可能性があるということです。そこで、営業範囲に隣のさいたま市も入れて、ここから電車の乗降者数が多い大宮《おおみや》駅まで営業範囲を広げていきましょう。統計データを見ると、さいたま市だけで分譲住宅は1年間で5000棟も建てられています。川口市と合わせれば、市場規模は3倍になります」

その言葉に、黒河が質問を繰り出してきた。

「さっきのセグメンテーション（41ページ図①）では、『川口市』に限定していましたが、変更するってことですか？」

「そうだよ。川口市のセグメンテーションをしていたからこそ、今回、さいたま市まで入れるという意思決定ができただろ」

「なるほど。そう考えれば、先ほどの意思決定は無駄ではなかったということですね」

滝川はコクリと頷くと、さらに話を続けた。

「2つ目の注意点は、地中海風の外観だけでは、異質な感じになってしまうので、分譲する住宅の全体のエクステリアや庭も、全て地中海風で統一するようにしましょう」

チンパンジーは、少しずつイメージが湧《わ》いてきたのか、興奮した表情で熱く語り始めた。

「俺は、10年前から川口市で一戸建てを売ってきたが、地中海風の分譲住宅で差別化している会社は聞いたことがない。しかも、こんなニッチなコンセプトを狙ってくる大手の不動産会社はいないはずだ」

チンパンジーの気持ちはドンドン盛り上がり始めていた。「実は黒河君の地中海風っていうキーワードを聞いた瞬間に、これはいけるんじゃないかと、俺は思ってたんだよね」と、調子のいいことまで言い始めた。

滝川は、さらに具体的な戦略についてもアドバイスすることにした。

「競合会社と差別化ができるようになれば、先ほど決めた、少し年収が高いお客を狙えるようになります。一戸6000万円の価格帯で、売り出してみるのはどうでしょうか」

「ろ、ろくせんまんえん！」

売値を聞いてチンパンジーは興奮したのか、「ウッホホホッ」と叫びながら、再び会議室の中を走り回った。そして、先ほどまで引きずり回していた丸まった絨毯を見ると、今度はそれを手につかみ、振り回しながら雄たけびをあげ始めた。

「これでもう、周辺の分譲住宅の価格を調査する必要はなくなるぞ。ウッキー！」

「ちょっと待ってください」

「なんだ？　滝川君も絨毯を振り回したいのか？」

「違います！」

滝川はチンパンジーに呆《あき》れながらも、淡々と言葉を繋いだ。

「部長、競合会社の調査は引き続き、行ってください」

「へ？　なんで？　だって差別化されているから、もう大丈夫だろ」

「それでも、競合会社の戦略は常に監視しておく必要があるんです。３Ｃ分析（57ページ図③）は一度やればよいわけではありません。売れなくなれば、競合会社も常にマーケティングの戦略を変えてくるはずです。気がついたら、自分たちの差別化が強みを失っていることも十分に考えられます。そうならないためにも、競合会社に攻め込まれないように、常に自分たちが差別化できるポジショニングを探し続ける必要があるんです」

「なるほど、一度差別化に成功したら、半永久的に大丈夫だってわけじゃないんだな」

「その通りです。それに、この地中海風の差別化が失敗することも考えられます。そうしたら、もう一度、他の差別化の戦略を考えなくてはいけません。その時、競合会社の情報があったほうが絶対にいいんです」

「でも、情報収集は結構、手間がかかるんじゃないのか？」

「大丈夫ですよ。分譲住宅を作る地域を川口市とさいたま市に集中化させているので、競合会社の情報はすぐに手に入ります。営業をしながら自分で現場を見て回るだけでよいから、それほど負担のかかる調査にはならないと思います」

「うーん、そうは言っても、さいたま市まで営業範囲を広げるんだろ……ここから大宮駅まで歩いて1時間はかかるとして、往復で半日は潰れるな」

「えっ……部長、歩くんですか？」

「当たり前だろ。人間と違って猿は足腰が丈夫なんだ」

チンパンジーはそう言うと、「まぁ、屋根とか木を伝っていけば、45分ってところだと思うがな」と、滝川にニッと笑ってみせた。

滝川は、部長がなぜ、川口駅から電車で20分ぐらいの大宮駅に歩いていくのか、意図がまったく分からなかったが、とりあえず話を続けることにした。

「分譲住宅の価格を上げて販売することができれば、中古物件の価格も落ちなくなります。それによって、お客の満足度も上がるので、埼玉県でのブランド力も維持できると思います。それに、値引きをしないことをハッキリ宣言すれば、お客との信頼関係も強くなりますからね」

「なんだか、上手くいきそうな感じになってきましたね」

黒河が感心しながら、滝川の話に追従した。しかし、先ほどまで嬉しそうな顔をしていたチンパンジーの表情が、だんだん曇り始めた。

「どうしたんですか、部長」

「やっぱりダメだ——冷静に考えれば、ムリがある」

チンパンジーはそう言うと、暗い顔をしながら話を続けた。

「地中海風の住宅を売り出す作戦は確かに面白い。だが、電話営業で地中海風と言ってもお客には伝わらんかもしれん。それなのに、いきなり価格を上げたことで、住宅が売れなかったら、部長の私の首が吹っ飛びかねないぞ」

チンパンジーはそう言うと、急に床にうつぶせになって、ぶるぶると震え出した。

「売れなくなった時の社長の態度は、本当に怖いんだよ、すごく怖いんだ。怒ると、特に怖い」

「どんな風に怖いんですか？」

「もう、そこらじゅうの絨毯を引きずり回すんだ」

滝川は「今のあんたと同じじゃないか」と言いそうになったが、話がややこしくなりそうなので、言葉を飲み込んだ。そして、改めて落ち着いた口調でチンパンジーの肩に手を置いて、「大丈夫ですよ」と言って、床に落ちていたライフ商事の不動産の折込チラシを指差した。

「現在は、社員の電話営業と、このチラシが主な広告方法なんですよね。ここに来る前にホームページを見ましたが、このチラシと同じように、物件の写真と価格が載っているだけのシンプルなものでした。これでは、お客に売りたい住宅の良さが伝わりませんよ。もっと他のマ、ー、ケ、テ、ィ、ン、グ、を使って、戦略の幅を広げることを考えていきましょう」

「そうは言っても……分譲住宅の売り方は、電話営業と新聞の折込チラシと相場は決まっているだろ。ちゃんとコストも計算しているぞ」

チンパンジーは「ちょっと細かい話をさせてもらうが――」と前置きをして、チラシの裏に計算式を書いた。

社員の平均給料等550万円 ÷ 12ヶ月 ÷ 22日 ＝ 1日2万円
1日2万円 × 社員40人 × 5日 ＝ 400万円
分譲住宅のチラシ1回50万円×8回＝400万円

「社員の平均給料は500万円だが、それに社会保険料や交通費を考えて、550万円とすると、40人で1日電話営業するとコストは80万円だ。だいたい1週間電話をかけ続けると1棟は売れるから、5営業日ということで400万円になるだろ。ライフ商事の一戸建ては1棟売れると、土地と建物の原価を差し引いた利益は1000万円だから、600万円の儲けというわけだ。チラシもカラーの印刷代も含めて、1回50万円かかるが、2ヶ月の間で、毎週土曜日に8回まけば、1棟は売れる。同じように600万円の儲けということになる。もちろん、売れると言っても、実際には設計したり、現地で説明したり、契約に立ち会ったりする人件費もあるから、これぐらいの利益がないと困るんだよ」

チンパンジーの話を聞くと、滝川は顔をしかめながら言葉を返した。

「だから、さっき5000万円の価格を10%下げて4500万円で売っても、100万円の利益が出るから大丈夫だと言っていたんですね。でも、これだと、現地で説明する人件費などを差し引くと赤字じゃないんですか？」

滝川の話を聞きながら、チンパンジーは、「だからそこはだな――」と言って、イラついた口調で反論し始めた。

「いつもチラシは、建物が完成する前に4回、ほぼ完成したあとに4回の合計8回を予定しているんだ。だけど、さっきのは即日完売したから、4回しか配布していないことになる。つまり、1棟につき300万円の利益が出たというわけだ。この考え方は正しいだろ？」

「それは、たまたま〝即日完売〟できたからですよね」

滝川は語気を強めて言葉を続けた。

「しかも、価格競争が激化したら、もっと価格を下げることになるし、チラシを配布する回数だって増えていくと思いますよ」

滝川は最後に独り言のように「だから、いつまで経っても利益が出てないんですよ」と重い口調で言葉を締めくくった。

口コミ効果を高めるには戦略が必要

チンパンジーは硬い表情でずっと話を聞き続けていた。本来であれば、滝川の言葉で頭に血がのぼるところだったが、言っていることに間違いがないので反論することができなかった。自分の頭の中の計算ではかなりの黒字になるはずなのに、なぜか不動産事業部は慢性的に利益が出ていなかった。おそらく「売れていない」という恐怖感から逃れるために、安売りを正当化していただけなのだろう。売れていなくて社長に怒られるよりも、利益が出ていなくても「売れてはいる」と報告することができれば、社長に対して言い訳が立つ。

チンパンジーが物思いにふけっていると、黒河が口を挟んできた。

「すみません、少し話が逸《そ》れるかもしれませんが、私、さっき滝川さんが言っていた、他のマーケティングというのが気になるんですが」

黒河の指摘に、滝川は大きく頷いた。

「では、逆に俺からの質問だけど、分譲住宅の折込チラシを読む人って、どんな人だと思う？」

「どんな人って……これから家を建てる人ですよね」

「その通り。他には？」

「他って……他にいませんよ。住宅に興味がない人は、チラシなんて見ないですから」

「そう、住宅に興味がない人は家のチラシなんて見ない。だけど、家を買いたいお客以外でも、分譲住宅の折込チラシに興味を持っている人はいるんだよ」

滝川はそう言うと、チラシを手に取って、パンと勢いよく手で叩いた。

「家を買ったばかりのお客だよ」

「えっ、購入者ですか？」

黒河は身を乗り出してきた。

「そもそも、住宅は高い買い物だから、お客はマイホームを購入してからしばらくの間、『本当に、この家を買ってよかったのか？』という不安な気持ちを抱えながら過ごすんだ。だから、彼らは分譲住宅を買ったあとも、同じようなチラシを見続けてしまうんだ」

滝川はそう言うと、そのチラシの裏に戦略を書いた。

お客の不安を取り除く方法
① 契約で保証する
② お客から紹介してもらう

「他のマーケティングというのは、お客の不安を取り除いて、新たなお客を取り込んでいく手法です」

「お客の不安を取り除く？」チンパンジーが首を傾げた。

「買った新築住宅が10年以内に壊れると、家を建てた会社が無償で修理をしなくてはいけないことが法律で定められています。でも、うちの会社はこの保証期間を、埼玉県でダントツの長さにしていきましょう」

「おいおい、住宅の保証期間を延ばすと、その分、長期的なリスクが大きくなってしまうぞ」

チンパンジーは不機嫌な表情を丸出しにした。

「こちらのリスクが大きくなるということは、お客のリスクが小さくなることを意味します。それに、最初にクレームになりそうな部分は、お客に事前に伝えておけば、大きなトラブルに発展することはありません。何より、ウソを言わずに、誠実に対応して保証するので、お客の不安は小さくなります。しっかりとした契約書を交わすわけですから、法律的にも安心してもらうことができます」

滝川は、さらに保証期間が長いことで、お客との付き合いが長く続けば、結果的にリフォームや将来の建て替え、子どもの自宅を建てる機会に、お客として再び戻ってくるということをチンパンジーに力説した。

「滝川君の言いたいことはよく分かった。で、何年間ぐらい保証すればいいのかね」

「20年ですね」

「に、にじゅうねん！」

チンパンジーは頭を抱えて、白い歯をむき出しにした。

「20年……そりゃムリだろ」

「何言っているんですか。木造住宅って、100年間は住めるんですよね？」

「それは、都市伝説だろ。よくて50年だ」

「それでも20年なら、半分以下の期間じゃないですか」

「ムリだ、ムリ、絶対、ムリ！　木に登ったって、バナナ食ったたって、そりゃムリだ」

「それでは聞きますが、今まで新築の家を建てて、無償で修繕《しゅうぜん》したことは何回ぐらいありましたか？」

「うーん……10年前から住宅を売ってきたけど、1年に5棟ぐらいだな」

「それって、全体の何％ぐらいに当たりますか？」

「1年間で150棟ぐらい売ってきたから、3％かな……ありゃ、思ったより少ないぞ」

「建築の工事監理をしっかりやっていれば、住宅が壊れるなんてことは、ほとんどないんですよ。もちろん、建築中に台風が来て建材が傷《いた》んでしまったり、屋根の防水に失敗して雨漏《あまも》りしたりすることもあります。ただ、そういうイレギュラーなことが起きる確率というのは、思いのほか少ないものなんです」

その言葉を聞いて、チンパンジーはホッとしたのか、表情を緩めた。

「よし、それなら、保証期間は20年にしよう」

「分譲住宅は売り切りではなく、お客との付き合いを長く続けることが重要なんです。意外かもしれませんが、住宅ほどリピート客を大事にしなくてはいけないビジネスはないと思うんです」

チンパンジーはうんうんと頷きながら、さらに滝川に質問を続けた。

「契約については分かった。次の、『お客から紹介してもらう』っていうのは、つまり、口コミのことなのか？」

「その通りです。分譲住宅の電話営業をされても、その人のその会社に対する不安を取り除くことにはなりません。だけど、お客からの紹介であれば、与えられた情報に対して、安心感を持つことができるんです。それに、口コミで紹介してもらうマーケティングを使えば、広告費はかなり安くなります。もし地中海風の分譲住宅の売れ行きが悪かったとしても、価格も高く設定していますし、結果的に利益は以前よりも増える可能性が高くなるはずです」

滝川の言葉に、チンパンジーは「ウキャ、ウキャ」と嬉しそうに手を叩いた。

しかし、横にいる黒河は、難しそうな顔をして話を聞いていた。

「滝川さんがおっしゃる通り、口コミはお金のかからないマーケティングだと思います。でも、誰かが誰かに商品を勧めてくれるかもしれないというのは、ちょっと運任せの要素が大きいんじゃないですか？」

「その通り。ただ、口コミの戦略を〝運任せ〟と言い切ってしまうのは、そこに戦略を立てていないからなんだよ」

滝川はそう言うと、黒河とチンパンジーを見ながら、ゆっくりと口を開いた。

「まず、口コミには2つの方法があることを理解してください。1つ目は、『知らない第三者から紹介してもらう方法』になります」

「知らない人からの紹介？　なんじゃそれ？」

「川口市で過去に住宅を買ってくれた人たちから、『お客様の声』を集めて、それを新規のお客に見せて、購買意欲を高める手法です」

「それだったら、すでに集めているぞ」

チンパンジーはそう言うと、別の部屋にあったキャビネットから、『お客様の声』をファイリングした資料を持ち出してきた。しかし、滝川はそのファイルをパラパラとめくると、首を横に大きく振った。

「これではダメです。『お客様の声』にはなっていますが、言っていることが全員バラバラです」

横でファイルを見ていた黒河も同じようなことを口にした。

「『展示会場のお茶が美味《おい》しかった』『受付のお姉さんがキレイだった』……ホントだ。住宅とは関係のない声が多いですね」

「お客は、そもそも『お客様の声』を考えるのが面倒なんです。だから、適当なことを書いてしまう。こんな声をいくら集めても、新しいお客がそれを読んで、購買意欲を高めてくれる要因にはなりません」

滝川の言葉に、チンパンジーは「じゃあ、どうすればいいんだよ」と、不満そうな表情を浮かべた。

「『家を建てる前は、どうでしたか?』と『家を建てたあとは、どうでしたか?』というビフォー・アフターの2つの質問をお客にぶつけるんです。そうすれば、『この不動産会社で、家を建ててもらってよかった』という具体的な感想になります」

チンパンジーは、「ウキャ、ウキャ」と大きく頷きながら、滝川の言葉をメモし始めた。

「部長、そのような『お客様の声』を、とにかくたくさん集めてください」

「たくさんというと?」

「1年間で150棟、10年間販売しているなら、その20%で300件ぐらいは集めて欲しいですね」

「そんなにたくさん集められるのか?」

チンパンジーは悲鳴のような声をあげた。

「そのくらい圧倒的な数の『お客様の声』を集めることができれば、新たなお客に対して、衝撃的なデータとして伝えることができます。このくらいやらなくては、『どうせサクラでも使っているんだろ』と思われてしまい、お客の心に響かないままで終わってしまいます」

滝川の言葉に、黒河が感心しながら相槌を打った。

「これだけ『お客様の声』の数が集まっていれば、ひとつひとつ読まなくても『お客からの評判がいい会社なんだ』ということが伝わりますからね。それに、『お客様の声』は、それほど高い営業スキルがなくても集められるから、300件ぐらいはいけそうじゃないですか？」

黒河の言う通りだった。大変な仕事かもしれないが、営業でムリやり1日300件も電話をかけてアポ取りさせるよりは、ずっとやりやすい仕事だと言ってもいい。

「しかし、その『紹介』なんだがね――」

チンパンジーは深刻な表情で滝川に話し始めた。

「うちの会社でも、口コミで広めてもらうために、今までお友達紹介キャンペーンを積極的にやってきたんだよ。しかし、思うように効果を発揮していないんだ。本当に新しい家を買った人は、誰かに不動産会社を勧めてくれたりするものなのだろうか？」

滝川はその言葉にコクリと頷くと、「そこで、2つ目の方法である『知り合いから紹介してもらう方法』を展開するんです」と言って、黒河のほうを見た。

「黒河さん、ちょっとプライベートな質問をしてもいいかな？」

「答えられる範囲であれば」

「今、どこに住んでるの？」

「……何か、たくらんでます？」

「たくらんでねぇーよ！　いいから答えろ！」

「三軒茶屋《さんげんぢゃや》です」

「なるほど、で、そこは賃貸？」

「はい。賃貸マンションで一人暮らしです」

「じゃあ、仮に、黒河さんが、新しく一戸建てを、その周辺で買ったとしよう。その場合、誰をその家に招待する？」

「滝川さん以外」

「マジメに答えろ！」

「うーん、急に言われても……もし、家を建てたら……遠いですけど、実家から両親を呼び寄せますね」

「友達は？」

「もちろん。やっぱり、『家を買ったんだぞ』って自慢したいですからね」

黒河は友達を招待することをイメージしたのか、少し笑《え》みを浮かべた。

「でも、その友達も、ずっと家に呼び続けるわけじゃないだろ」

「そうですね。すごく仲がよい2、3人の友達は別として、それ以外の人は、せいぜい1年以内に呼んだら、もうそれでオシマイですね」

ここまで話したところで、その会話のやり取りをずっと見ていたチンパンジーは、ハッとした表情で滝川の顔を見た。滝川はそれを察して、チラシの裏にスラスラとある言葉を書き始めた。

① 口コミはタイミングが大切
② 小冊子を渡す
③ 紹介してもらう人を選ぶ

「実は、『知り合いから紹介してもらう方法』には、3つのルールがあるんです。まずタイミングが大切です。一戸建ての場合、知識が豊富で、周りの人に話をしたい時期は、売買契約してから、引き渡して1年間ぐらいの間なんです」

滝川の言葉を聞いて、チンパンジーが大きく頷いた。

「なるほど。俺は今まで、家を建てた時期に関係なく、ランダムに友達紹介キャンペーンのDMを出したり、年末年始に社員に挨拶《あいさつ》に行かせたりしていたよ。滝川君の言う通り、家のことに興味がなくなったお客にアプローチしても、反応があるわけないわな」

「たとえるなら、すでに映画館で上映が終わっている映画の口コミをお願いしようとするようなもんですよ。口コミはタイミングが大切なんです」

チンパンジーの表情が明るくなり始めた。

「これはいいことを聞いたぞ。それじゃあ、明日からは、契約したばかりのお客から、引き渡して1年未満のお客に、ガンガンに電話営業をかけるぞ」

チンパンジーはそう言うと、会議室から飛び出そうとした。しかし、滝川はチンパンジーの両脇をつかむと、そのまま子どもを抱きかかえるように持ち上げた。そして、会議室のソファに座らせると、「話を最後まで聞いてください」と落ち着いた口調で諭《さと》した。

「残念ながら、電話営業だと、このマーケティングの戦略は成功しません」

「なぜだ？　相手と接触を図《はか》るには、電話が最高のツールだろ」

「考えてもみてください。お客に紹介してもらうということは、お客に対して『営業して欲しい』とお願いしているようなものですよ。ライフ商事の社員だって、家をバンバン売ることができないのに、素人《しろうと》のお客が、第三者に売り込めるはずがないじゃないですか」

「うーん、確かに、その通りかもしれん」

チンパンジーは腕を組んで考え込んだ。

「大手の不動産会社だって、社員が住宅を買う人を見つけることに四苦八苦しているんですよ。だから、お金をかけて住宅展示場を作ったり、チラシを配布したりして、一生懸命、住宅を売っているんじゃないですか」

「じゃあ、どうやってお客に口コミで広めてもらうように、お願いすればいいんだよ」

チンパンジーは、しょげかえった表情を浮かべた。

「まずは、一戸建ての情報を集めている友人を紹介して欲しいと、直接訪問して頼むことから始めていきましょう。『うちの会社は、アフターサービスに力を入れることになったので、保証期間を10年から20年に延ばします。ついては、新しい契約書をお持ちしたい』ということで、そのお客を訪問し、『アフターサービスの充実で、そこにコストがかかるので、広告ではなく、口コミでお客様の紹介をお願いしている』と言えば、だいたいのお客は納得してくれます」

「なるほど。そういうお願いの仕方だったら、電話よりも直接訪問したほうが、説得力が増すな」

「あと、アフターサービスに関する小冊子も同時に作っておきましょう。そこには定期的な点検の方法や実際の家の掃除方法、リフォームや修繕で気をつけるべき点など、営業トークではない、生活に役立つ有益な情報を多く載せることが大切です。それと一緒に、建築中の住宅への見学会、耐震の勉強会、著名な建築デザイナーのセミナーへ無料招待するチラシなどを提示して、その友人に渡してもらうんです。小冊子は友人にもプレゼントするので、4、5冊まとめて渡すのがポイントです。そして、そのイベントに来てくれた人たちが本気で家を買おうとしているかどうかに関しては、会場で待機しているライフ商事の社員がチェックするようにします」

「そこでその人に、本気で家を買う気があれば、営業を仕掛ければいいんだな。しかし、チラシに小冊子の制作、それに加えて無料セミナーの開催かぁ……なんだかコストがかかりそうだな」

チンパンジーが眉《まゆ》をひそめた。

「今までも、無駄な電話営業やチラシを配っているじゃないですか。一戸建ては高額な商品なので、いきなり売り込むよりも、お客との接点を持つ時間を増やして、信頼を勝ち取っていくやり方のほうが近道ですよ。それに、もともとお客からの紹介なので、売り込まれる側も無碍な態度は取らないはずです」

滝川の返答に納得したのか、さらにチンパンジーは質問を繰り出してきた。

「では、最後の『紹介してもらう人を選ぶ』というのは、どういう方法だ？」

「文字通り、紹介してくれそうなお客を、ライフ商事のほうで選んで接触を図っていくという手法です。その時、さっきの小冊子だけではなく、金券なども一緒に渡してください」

「金券を持っていくのはいいが、何を基準にして、その相手を選ぶんだ？」

「今まで、一度でも友達を紹介してくれたお客を選べばいいだけです。もちろん、今まで小冊子も持っていかず、頼み方が間違っていた可能性もあるので、紹介してくれたことがないお客にも、一度は、お願いしてみることは必要です。それでも紹介してくれなければ、これからは除外してよいでしょう」

それを聞いて、チンパンジーは驚いた表情を見せた。

「ちょっと待ってくれ。紹介してくれない人を無視するなんて、それは乱暴すぎるだろ。今まで紹介してくれていないんだから、そっちのほうが、周りに新しいお客がいる可能性が高いんじゃないのか？」

しかし、滝川は表情ひとつ変えず首を横に振った。

「それは、都合よく物事を考えすぎですよ。一戸建ては、結婚したり、子どもが生まれたり、人生の節目に需要が生まれる商品です。そのため、今まで紹介してくれた人の周りにも、今まで紹介してくれなかった人の周りにも、同じようにお客が存在しているはずです」

「言われてみれば、そうかもしれんなぁ」

チンパンジーは、自分の顔を撫《な》でながら考え込んだ。

「例えば、同じ親戚でも、何度もお見合いをセッティングしてくれる人もいれば、一生に1回もお見合いをセッティングしない人もいるはずです。同じような生活環境で、人間関係の広さも変わらないのに、差が出るのは、その人の〝性格〟によるものなんです。たぶん、紹介してくれないお客は、紹介することにリスクを感じていたり、面倒だなという感情が先に立っているんです。一方、何度も紹介してくれるお客は、そんな感情は一切、持っていない」

滝川はそこまで言うと、チンパンジーに向かって身を乗り出しながら力強く言葉を発した。

「だから、今まで一度でも友達を紹介してくれたことがあるお客こそ、重点的に攻めることで、口コミの効果が高くなるんです」

チンパンジーと黒河は、滝川のアドバイスを、むさぼるようにメモし始めていた。それを見て、滝川は最後のマーケティングノウハウを語り始めた。

長期的な視野で戦略を考える

「今まで部長がやってきたマーケティングは、短期間で結果を出そうとする方法ばかりでした。しかし、これからはもっと長期的な視点に立ったマーケティングを用いることが必要なんです。例えば、積極的に町内会の催し物に参加したり、地域の有用な情報が載っているニュースレターを発行したり、地域に溶け込むことで、セグメンテーションしたお客に近づいていくんです」

チンパンジーが、口と目を大きく見開いて顔を上げた。

「そう言われてみれば――駅の近くにある分譲住宅は、クリスマスやお正月の飾りつけを競い合って、いつも楽しそうだなって思っていたんだよ」

　滝川が静かに頷く。

「一生懸命働いて、帰ってくる場所が〝家〟なんです。そこに帰れば、奥さんと子どもがいて、一緒に食事をする場所があるんです。ライフ商事が売った地中海風の住宅に帰ってくると、ホッとすると言われることは、社員にとっても仕事へのやりがいに繋がるはずですよ」

　滝川が話し終わると、チンパンジーは「ウホッ、ウホッ」と言って、両手を叩きながら会議室の中を駆け回り始めた。

「これはいいことを聞いたぞ。滝川君、俺はやるぞ！　なんだか安売りで住宅を売っていくことよりも、こっちのほうが楽しそうに思えてきたぞ。今から設計士に電話して地中海風のデザインにしてもらい、仕様や価格を変更したパンフレットを作って、アフターサービスの小冊子も作り、友達を紹介したくなるセミナーを企画して……ウホー、やりたいことがたくさんあるぞ！」

　チンパンジーはそう言うと、滝川に握手を求めてきた。

「滝川君、俺はキミのことがとっても気に入った。やっぱりアメリカの大学院でマーケティングを学んできただけのことはあるな。どうだ、今度、一緒に俺とゴルフでも行かないか」

「ゴルフ、ですか？」

チンパンジーは得意げになって、ゴルフのスイングを滝川に見せた。

「部長、やっぱりそれは……『プロゴルファー猿』、ですか？」

「おいおい、俺はアマチュアだぞぉ。お世辞を言ったってバナナはやらんぞ」

チンパンジーはニヤニヤしながら、嬉しそうにゴルフのスイングをし続けている。

滝川は、吹き出して笑いそうな気持ちをこらえながら、黒河と2人でチンパンジーの滑稽《こっけい》なスイングを見続けた。

――3ヶ月後。

再び不動産事業部を訪れた滝川は、改めてチンパンジーの統率力に驚かされた。地中海風の一戸建ては申し込みが殺到し、不動産事業部の利益は大幅に改善されて、新規事業は1年以内に3億円の利益が出ることになっていた。

「滝川君のおかげだよ。感謝の言葉もない」

「チームの結束力が強い不動産事業部の組織に、マーケティングの戦略が、たまたま嚙み合っただけです。そして、その事業部の土台を作り上げたのは部長の力ですし、たった3ヶ月で結果を出せたのは、部下をやる気にさせることができた部長の人望の賜物《たまもの》ですよ」

滝川はお世辞ではなく、素直にそう思っていた。チンパンジーの作り上げた組織の強さには脱帽だった。一糸乱れず、目標に向かって突き進む組織力は、この世界の人間には発揮できないリーダーシップだと言える。

チンパンジーは滝川に褒《ほ》められて、さらに上機嫌になった。「ウホホッウホホッ」と雄たけびをあげながら、会議室を勢いよく駆けずり回り始めた。

滝川は初めて猿の上司と仲良くなったこともあり、この世界で気になっていたことをチンパンジーに打ち明けることにした。

「ひとつ質問してもいいでしょうか？」

「おお、何だね」

「なぜ、この世の中は、部長以上はみんな猿なんでしょうか？」

その質問に、チンパンジーは目を丸くしながら「滝川君は、面白い質問をするね」と言葉を繋いだ。

「そりゃあ、人間よりも猿のほうが、経済の能力が高くて、ビジネスを成功させられるからだよ」

「でも、1人ぐらいは経済の能力が高い人間がいても――」

「いないよ」

チンパンジーが、滝川の言葉を遮《さえぎ》った。

「黒河君のように、特別に仕事ができる人間はたまにいるが、それはあくまで秘書レベルの話だ。猿のように、本質的に経済の能力が高い人間なんて、この世の中にはいないんだよ。人間より賢い犬がいるか？　人間よりおしゃべりなオウムがいるか？　それと同じで、猿よりも仕事ができる人間なんて、この世の中にはいないんだよ」

そこに黒河が口を挟んできた。

「それならば、滝川さんは、経済の能力が高い初めての人間ってことになるんですか？」

チンパンジーはそれを聞くと、滝川の目をじっと見つめながら、低い声で語りかけてきた。

「滝川君は、頭がよさそうだし、知識もある。ただ、経済の能力が猿以上にあるかは分からない……いや、たぶんないだろうな」

滝川はその言葉が癇《かん》に障《さわ》ったのか、少し強い口調でチンパンジーに反論した。

「なぜ、私の能力が猿よりも劣ると言い切れるんですか?」

「猿が経済の能力では、絶対的に、人間よりも優れている理由があるからだ」

「優れている理由?」滝川が聞き返した。

「そう、それは、『結束力』だ。猿は忠実な生き物なんだ。組織への強い忠誠心がある。しかし、人間は相手を裏切る。表向きはどんなに忠誠を誓っても、最後は裏切る弱い生き物だろ。猿と違い、いろいろなことを考えて、いろいろな損得を計算して、自分の都合で物事を考えるからな」

「そんなことは――」

滝川の反論を、チンパンジーが言葉をかぶせるように遮った。

「滝川君も、ライフ商事で働いていれば、いずれ猿の偉大な力に気づく時がくるはずだよ。それと――」

チンパンジーは滝川の顔に自分の顔を近づけた。

「頭がよさそうで、なおかつ俺たちに説教をする人間に対して、快く思わない猿もいることを、頭の中に入れておいたほうがいいぞ」

チンパンジーはそう言うと、再び会議室の中で雄たけびをあげながら駆け回り始めた。しかし、それとは対照的に、滝川は、心の中に硬い棒を突っ込まれたような、気持ちの悪さを味わっていた。

――結束力。

人間にだって結束力はある。猿に負けない組織だって作れるはずだ。しかし、それが絶対的に猿に勝てない理由となると、それは何なのか……。

「すごいですね」

考え事をしている滝川に、そばにいた黒河が声をかけてきた。

「あの気難しい部長が、こんなに大喜びしているのを、私、初めて見ました」

「前回も、大喜びして、会議室で絨毯を引きずり回していたじゃないか」

「今は表情が違いますよ」

「表情が違うかもしれないけど、もっと何か喜びを表現する方法が他にもあるだろう」

「そうですかねぇ……そこまで深く考えたことはないですけど」

黒河はそう言うと、走り回っているチンパンジーを穏やかな表情で見守った。滝川は、今回の一件で、少しだけ黒河と距離が縮められた気がして、肩にそっと手を回そうとした。

「じゃあ、コンサルティングが初めて上手くいった記念日として、今日の夜、食事でもどうだい」

黒河は滝川をジロリと睨みつけると「その口説《くど》き方が昭和っぽいんですよっ！」と言って、わき腹を肘で力強く突いた。

第2章

商品が売れない理由は、お客との付き合い方に問題がある

――「自分で考える」強い組織に作り変える

GENERAL MANAGER OF THE APES

『部長以上が猿』という世界にやってきて3ヶ月の月日が流れた。

不動産事業部の部長であるチンパンジーの話を聞いてから、滝川《たきがわ》はさらに今いる世界について調べを進めた。それにより、新たに分かったことがいくつかあった。

まず、滝川を一番驚かせたのは、世界の経済が猿によって取り仕切られているという衝撃的な事実だった。アメリカも中国もイギリスも、会社や経済界のトップは全《すべ》て猿なのだ。チンパンジーの言った通り『猿のほうが、人間よりも経済の能力が高い』という事実は、認めざるを得なかった。しかし、逆を言えば、『部長以上が猿』という会社同士で競争をしているため、全ての会社が儲《もう》かっているわけではなかった。競争に負けて大赤字に転落した会社、資金繰りが悪化して倒産した会社のニュースもこの世界にも当然流れていた。このあたりの競争原理は、猿も人間も同じなのだと滝川は改めて思った。

また、もうひとつ分かったことは、部長も置けないような小さな会社は、社長が人間であるケースが多いことだった。ライフ商事の取引先にも、社長が人間の会社は数社あったが、どこも儲かっていないらしく、資金繰りは決してよくない状況だった。つまり、人間が社長の会社は、儲かっていないから、結局、小さい会社のままだということだった。これには、同じ人間として滝川は屈辱的《くつじょくてき》な思いを感じていた。

さらにショックだったのは、自分が留学していたアメリカの大学院のマーケティング専攻科の友人が、みんな、平凡なサラリーマン生活を送っていることだった。あれだけ優秀だった友人が、「猿には敵《かな》わないよ」と言って、出世を諦《あきら》めていたのだ。大学もかろうじて人間の入学を認めてはいたが、経済学部に関しては、90％以上が猿の学生で占められていた。

しかし、一方で、猿が能力を発揮しているのは、チンパンジーが言っていた通り、結束力が必要な業界だけだった。政治の世界は裏切りがなければ出世できないせいか、人間ばかりが取り仕切っていたし、スポーツや芸能の世界も人間ばかりだった。戦争をやっているのも人間ばかりだったが、これはもしかしたら、経済を支配している猿に、人間たちが操られているだけなのかもしれないと滝川は予想していた。

どちらにせよ、この『部長以上が猿』というキテレツなパラレルワールドは、多少のズレはあるにせよ、滝川がいた世界と同じような世界が並行して動いていることは事実のようである。そして、自分がなぜ、この世界に飛び込んでしまって、どのようにすれば元の世界に戻れるのか、謎《なぞ》のままであることは変わりがなかった。

おそらく、人間の同僚や猿の部長にパラレルワールドの話をしても、頭がおかしくなったと思われるのが関の山である。謎が解明するまで、しばらくは、自分は今与えられた業務をまっとうするしかなさそうである——。

不動産事業部の次に滝川が立て直しを命じられたのは、美容室を展開する事業部だった。すでに1店舗の直営店には、マスコミでも有名なカリスマ美容師を雇い、それを広告塔にして、9店舗のフランチャイズを出店させていた。

「現時点では、合計10店舗の美容室を運営していますが、直営店以外の9店舗は、全て赤字です。しかも、9店舗の店長兼オーナーは、全員人間です。もともと自分で小さな美容室を経営していましたが、儲かっていなかったので、『猿が作ったフランチャイズに申し込めば、儲かるのでは』という、安易な動機で加盟したようです」

黒河《くろかわ》はハイヤーの中で資料をめくった。

「開業資金として、人間のオーナーに1店舗当たり1000万円を貸し付けています。ただ、このままだと回収はできそうもありません。それどころか、9店舗のオーナーからは、『最初に説明を受けた事業計画の売上の半分も達成できていない。俺《おれ》たちは騙《だま》された』とクレームが出ています。ただ、こちらとしては、『人間だから、経営が下手《へた》なんだろう』と反論していて、訴訟の一歩手前まで関係はこじれているようです。猿を相手に人間が裁判で勝った事例は今までなく、こちらを脅《おど》しているだけだと思うのですが」

滝川は、その事実を聞いて頭を抱え込んだ。

「そもそも勝てない裁判だと分かっていながら、訴訟を起こすってことは、売上が伸びないこと以外に、何か感情的なトラブルを抱えているんだろ」

その言葉に、黒河は「よく分かりましたね」と言って、資料をもう1枚めくった。

「当初、直営店のカリスマ美容師は、1週間に1日、フランチャイズ店に顔を出すという契約でした。広告でも、『有名なカリスマ美容師に髪の毛を切ってもらいたい人、大、大、大募集！』と打ち出しました。ところが、直営店も忙しいし、1週間に1日休んだとしても動けるのは6日しかなく、6店舗を越えた時点で物理的にこのサービスは不可能になりました。今では1ヶ月に1日ぐらいしかフランチャイズ店を回ることができなくなり、お客の予約をキャンセルしたことで、クレームの電話がフランチャイズ店に殺到しているそうです。フランチャイズ店のオーナーも、そんなの計画段階で分かるだろうと言って激怒していて――という経緯《けいい》ですね」

滝川は「経緯ですねって……そうなる前に何か手を打たないとダメじゃないか」と言って、大きなため息をついた。

「それで、次の部長は、どんな猿なんだい？」

「メガネザルです」

滝川は、目元に人差し指と親指で輪っかを作り、「メガネって、このメガネ？」と黒河に尋ねた。

「性格は、一言で言ってしまえば……とてもネチっこいです。あとは、美容室事業部を任されているだけあって、お洒落《しゃれ》にうるさい方です」

「メガネザルで、ネチっこくて、そんでもってお洒落か……」

滝川は、まったくイメージができなかった。

「ところで、メガネザルのメガネって、伊達《だて》メガネなのかな？」

「何ですか、突然」

黒河はそう言いながらも、少し間《ま》を置いてから言葉を繫《つな》いだ。

「そんなことないと思いますよ。メガネザルのメガネはホンモノですよ」

「目が悪いのか？」

「さぁ、そこまで深く考えたことはないですが」

黒河は首を傾《かし》げて笑ってみせた。しかし、滝川は黒河の何気ない一言に、魚の小骨が喉《のど》に引っかかるような違和感を覚えた。

『深く考えたことはない――』

滝川は、この台詞《せりふ》を、黒河以外の人間からも、何度も聞かされていた。この世界の人間は、猿のことに関して質問すると、ほとんどの人が〝深く考えていない〟と答えるのである。

最初は、タブーな話だったり、口止めされていたりするのかとも勘《かん》ぐったが、純粋に猿に関して人間たちは『深く考えていない』ようなのである。人間の中でも比較的仕事ができる黒河ですら、まるで猿と人間の関係性の記憶を追及されるのを拒《こば》むような話し方しかしない。いや、できないのだ。

何か意図的な力が働いているような気もしたが、今の滝川にはその違和感を説明できるほど、この世界の情報を持ちえていなかった――。

「カリスマ美容師」だけでは勝てない

滝川と黒河が到着したのは、南青山にある直営店の美容室の営業時間が終わった直後だった。

「お待たせぇー」

部長のメガネザルは明るく待合室に入ってきた。身体《からだ》はとても小さく、身長は120センチぐらいしかない。しかし、全身ブランド服で身を包み、髪の毛もモヒカン風のカットにして、お洒落にはうるさそうな風貌《ふうぼう》だった。

メガネザルは、滝川を見るなり、突然、表情を曇らせた。

「初めまして。マーケティングを担当する滝川です」

メガネザルは、顔の3分の2を占める目玉をギョロリと動かして、滝川のことを凝視した。

「あ、ども」

メガネザルは、ちょこっと頭を下げただけだった。

以前、チンパンジーから、仕事ができる人間を面白くないと思う猿がいると聞いていたが、それはメガネザルのことだと滝川は思った。

「で、うちの店に何の用かしら」

メガネザルは人差し指でモヒカンの前髪をくねくねさせながら、ネチっこいしゃべり方で話し始めた。その言葉は明らかに女性が使う言葉だったが、メガネザルの風貌は明らかに男性だった。

迷った滝川は、小声で横にいた黒河に尋ねた。

「部長は、〝オネエ〟なのか？」

「そうですけど」

黒河は当たり前のように答えた。

「そうですけどって……なんでそれを早く言わないんだ！」

「滝川さん、女性が大好きだから、オネエも守備範囲なのかと思いまして」

「俺はオネエが苦手なんだよ！」

この話はウソではなかった。その昔、オカマバーのママにストーカー行為をされて以来、オネエは生理的に受けつけなくなっていた。

「とにかく、ここはなんとか話をまとめてください。それに、オネエだとかオカマだとか、そういう偏見で、相手の能力を判断してはいけませんよ」

黒河は滝川を軽蔑《けいべつ》するような表情で睨《にら》みつけた。確かに黒河の言う通り、偏見はよくない。考えてみれば、猿が上司というキテレツな世界に比べれば、オネエなどのスタイルの違いは、この世界で生きていくうえでちょっとした誤差でしかなかった。

椅子《いす》にふんぞり返って座るメガネザルに対して、黒河が慎重に言葉を選びながら話し始めた。

「すでにご存知だと思うのですが、直営店以外のフランチャイズ店の売上が、あまりよくない状況ですね」

「あぁ、その件ね。あれはね、もう原因が分かっているの」

メガネザルは必要以上に、カラ元気な声で話し始めた。

「売上が伸びない一番の原因は、フランチャイズ店で働いている美容師のやつらが、カリスマになりきっていないからなのよね」

「……カリスマ、ですか？」

メガネザルは1枚の用紙を2人に差し出した（次ページ図④）。

「ま、これ、見てよ」

「何ですか、これ」

「VRIO分析だ」

VRIO分析

	立地	広告	人材	サービス	資金
経済価値（Value）	◎	◎	△	○	◎
希少性（Rereness）	◎	○	×	◎	○
模倣困難性（Inimitability）	◎	○	×	◎	○
組織（Organization）	◎	○	×	◎	◎

図④

黒河の質問に答えたのは、メガネザルではなく滝川だった。

「なんで、こんな分析を行ったんですか？」

その質問には、今度はメガネザルが答えた。

「なんでって、競合会社よりも、ライフ商事のフランチャイズ店の美容室のほうが優位だって説明する資料を作るためよ。私、こう見えても大学でマーケティングを専攻していたのよ。その時のゼミで、このＶＲＩＯ分析についての論文を書いたのよ」

メガネザルの自信満々な口調におじけづいたのか、黒河は滝川に向けて、小声で質問を繰り出した。

「初歩的な質問ですみません。このＶＲＩＯ分析って、一体何を表しているんですか？」

「会社の持つ経営資源を４つのポイントから分析

して、会社の競争優位性を判断する時に使うんだよ。『V』は Value で〝価値〟を意味して、『R』は Rareness で〝希少性〟のことを指す。そして『I』は Inimitability で〝模倣《もほう》困難性〟のことで、最後の『O』は Organization で〝組織〟のことを意味しているんだよ」

「この◎とか○は？」

「美容室を立地、広告、人材、サービス、資金の5つのテーマでVRIO分析しているんだ。〝経済価値〟とは、お客にとって価値があるかないか、〝希少性〟とは、競合会社が手に入れにくいか、〝模倣可能性〟は、マネできるか、〝組織〟は、資源を有効に活用できているかを意味している。それぞれを◎と○と△と×の4段階で評価したのが、このVRIO分析なんだ」

黒河は、改めてその表をよく見た。

「人材以外は、全て◎か○ですね」

その言葉を聞いて、メガネザルの鼻息が荒くなった。

「ご覧の通り、立地も広告もサービスも資金も、全て競合会社より有利な立場にあるし、ダメなのはフランチャイズ店の人材だけなのよ。こっちは、南青山の直営店で有名なカリスマ美容師を雇ってやっているのに、フランチャイズ店の美容師が、カリスマ美容師になりきっていないから、こんなに売上が低迷しちゃっているのよ。だから、文句を言ってくるフランチャイズ店には、このＶＲＩＯ分析を見せて、いつも言い返しているの」

メガネザルは、再びＶＲＩＯ分析の表に視線を落として力強く言った。

「大丈夫、あともう少しで、絶対に儲かるようになるはずだわ」

「何か、カリスマ美容師を育てる戦略があるんですか？」

滝川の質問に、メガネザルがフンッと顔を横に向けて答えた。

「カリスマ美容師のしぐさ、しゃべり方、カットの方法を見て、それを全部、他の美容師たちがマネればいいのよ。まぁ、人間なんて能力がないから、完璧《かんぺき》にマネできるまでには数年かかるかもしれないけど、ここ半年間は、毎日夜の12時まで、休みの日も出社してもらって、みっちり鍛えたのよ。やっとお客に対して、恥ずかしくないところまでは、マネできるようにはなったんじゃないかしら。どう努力すればよいか、彼らも分かってくれたはずだから、もっとカリスマ美容師に近づいてくれれば、売上も上がって黒字になるはずよ。つまり、あとは待っていればいいだけなのよ」

メガネザルの言葉に、滝川は「こりゃダメだ」と言って、両手を広げて肩をすくめた。

「このフランチャイズビジネスは、絶対に失敗しますよ」

メガネザルは「はあああぁぁぁ？」と奇声に近い声をあげると、驚きのあまり口を半開きにしたまま動かなくなった。

「マーケティングの戦略は、南青山のカリスマ美容師というだけ。ちょっと社員教育しただけで、あとはフランチャイズ店のオーナー任せ。こんなずさんなビジネスモデルで、成功するはずがありませんよ。まだ、そこらへんにあるキャバクラのほうが、まともなビジネスをやってますよ」

「キャバクラと一緒にしないでよ！　あんな水商売と」

「あーっ、それはキャバクラに対する偏見です。彼女たちこそ、ちゃんとマーケティングの戦略を立てて、ビジネスをしているんです」

「してないわよ。あんな仕事をする人たちが、VRIO分析とかやっているわけないじゃないの」

「それは、やってません。こんな回りくどいマーケティングなんかね」

その言葉でスイッチが入ったのか、メガネザルの表情が急に険《けわ》しくなった。

「あんたねぇ、このVRIO分析、ちゃんと見たの？　出店場所も、人通りを何度も確認させて、かなり細かく選定したのよ。そこにカリスマ美容師という他の美容室にはないコンセプトを組み合わせれば、希少性もあって、なおかつ模倣困難でもあるから、上手《うま》くいくに決まってんでしょ。みんな、カリスマ美容師を目当てに、うちのフランチャイズ店の美容室にガンガンやってくるはずよ。キャバクラなんかよりも、ずっと、ずーっと細かいマーケティングしているんだからね」

メガネザルの感情的な言葉に、滝川は寂しそうな口調で言葉を返した。

「部長は、ひとつ大きな勘違いをしています」

「……勘違い？」

メガネザルの右眉《みぎまゆ》がピクリと動いた。顔の色が赤くなり、頭に血がのぼってきていることがすぐに分かった。

「希少性や模倣困難性というのは、珍しいとか、他にはないという意味ではないんです。お客にとって、希少価値があるかどうかが大切であって、自分たちで決めるものではないんです。そもそも、VRIO分析は、〝分析〟というだけなので、それによって、何か新しい戦略が発見できるものではありません」

滝川は一呼吸置いてから、さらに語気を強めて言葉を続けた。

「カリスマ美容師なんて、ちょっといい男の美容師を捕《つか》まえてきて、女性誌に広告を出して紹介するだけで、誰にでも簡単にマネされてしまうコンセプトです。だから、部長ご自身も、『カリスマ美容師のマネをすればいい』って言ってたじゃないですか。こんな参入障壁の低いコンセプトで、競合の美容室に勝てるわけがありません」

滝川が一気にまくし立てると、メガネザルは痛いところを突かれたのか、

「ウッキー！」と叫んで飛びかかってきた。しかし、体格が小さかったせいか、滝川が反射的に右手を出して払いのけると、そのまま地面にコロコロと転がり落ちた。

「部長、大丈夫ですか！」

黒河が近寄ろうとしたが、メガネザルはすぐに起き上がって、四つんばいになって「キーッ！」と毛を逆立てて、2人のことを睨みつけた。

「部長、落ち着いてください！」

滝川が声をかけても、メガネザルは興奮しているせいか、大きな目玉をグルグルと動かしながら、美容室の中をうろうろし始めた。

「滝川さん、今、部長に何を言ってもダメですよ。もう怒りのモードに入ってって

いるから、何も聞こえていません。くれぐれも目を合わせないでくださいね」

黒河の言葉に、滝川はニホンザルとチンパンジーが怒った時のことを思い出した。あの時と同じ症状であれば、1分ほど待てば、彼らは冷静さを取り戻すはずだ。

1分後――滝川の予想どおり、メガネザルは次第に表情を緩《ゆる》めて、逆立てた毛を元に戻し始めた。それを見て滝川は、挑発する言葉はできるだけ控えようと思った。なぜならば、相手を怒らせるだけで、話がまったく進展しなくなるからである。滝川は先ほどよりも優しい口調で、メガネザルにゆっくりと説明を始めた。

「私は、部長の事業部を潰《つぶ》しにきたわけではありません。もっと売上が伸ばせる可能性があるからこそ、こうやって本社からやってきたんです」

「人間ごときに、売上なんか伸ばせられるわけないわよ」

メガネザルは落ち着きを取り戻したものの、今もなお滝川を鋭い視線で睨み続けていた。

「猿が人間よりも経済の能力が優れているのは事実です。しかし、このまま今のやり方を続けていても、カリスマ美容師が各フランチャイズ店で育つことはありません。もし本当に、カリスマ美容師を育てるという戦略でやるならば、これからもずっと、毎日夜の12時まで、休日もなく何年間も教育し続けなくては、黒字にはなりません」

「……何年も?」

「確かに、半年間は、みんな一生懸命やったかもしれませんし、技術もよくなったかもしれませんが、教育を止《や》めれば、すぐに元に戻ってしまうはずです」

それを聞いたメガネザルは、滝川の指摘に思い当たる節があった。

実は、カリスマ美容師をプロデュースすると言っても、何ひとつ上手くはいっていなかった。そもそも、髪の毛を切るセンスがあって、見た目もカッコよくて、トークも面白い美容師をマネすることができたら、フランチャイズに加盟しないことは、メガネザルも薄々勘付《かんづ》いていた。しかし、だからといって、すでにフランチャイズ契約も行い、オーナーに1000万円も貸し付けている現状で、「この戦略、失敗だよ」とも言い出せなかった。

ポジショニングは変えずに、組織を変革する

「部長、私は美容室というビジネスは面白いと思うんです」

滝川が目を輝かせながら、メガネザルに顔を近づけてきた。

「なによ、いきなり」

「髪を切って欲しいというお客からの需要は、永遠になくならないからです」

「人間は、猿と違って、頭の毛がずっと伸び続けるからよね」

「自分では上手く切れないし、しかも切ったあとの姿は自分では見られない。うしろ姿なんて、他人からしか見えないのに、みんな、とても気にするんです」

「……一体、何が、言いたいのよ」

メガネザルは、不審そうな表情で滝川の顔を見た。

「日本で美容室の市場が拡大するわけではないので、これからはシェアの奪い合いになると思います。でも、だからこそ、競合会社に勝つためのマーケティングが必要なんです」

「へぇー、カリスマ美容師以外で、競合会社に勝てる戦略があるんだ」

「いいえ、ありません」

「へっ？」

「いや、正確に言えば――今の私には思いつきません」

その言葉にメガネザルと黒河は、「はぁあああ？」と同時に大声を発した。メガネザルは「だから、人間ってダメなのよね！」と吐き捨てるように言うと、自分の頭の毛をモシャモシャとかきむしった。まずい雰囲気になったことを察した黒河は、慌《あわ》てて言葉を挟んできた。

「ほら、滝川さん、アレ、アレやりましょうよ。以前、不動産事業部のマーケティングを考えた時に、ポジショニングを変えて戦略を立て直したじゃないですか。アレを使えば――」

黒河の言葉に、滝川は首を横に振った。

「それは、たぶん、使えないな」

「なんで……ですか？」

滝川は黒河の問いかけには答えず、メガネザルに質問を振った。

「部長、もし今のカリスマ美容師の戦略を全て止めてしまったら、フランチャイズ店はどうなりますか？」

「そりゃ、契約違反ということもあるけど、ここ半年間はカリスマ美容師になれということで、ホントに、かなり強引にやってきたのよね。突然、『カリスマ美容師という戦略は止めます。ごめんねー』と言っても許してはくれないでしょ。絶対に、オーナー全員が、うちの会社を訴えてくるでしょうね」

この答えを引き出すと、滝川は黒河を見た。

「じゃあ、このカリスマ美容師を使うというポジショニングを変えることはできないな。感情的に訴えられたら、ビジネスなんてやってられない。不動産事業部をマーケティングした時のように、ポジショニング自体を変えるには、時間的に遅すぎだ」

滝川はそう言うと、黒河のほうを見て両手を広げて首をすくめた。それと同時に、メガネザルは腹を抱えて大声で笑い出した。

「もし、今のフランチャイズ店の社員が全員辞めてしまったら、すぐに新たに社員を雇って訓練するのは大変です。しかも、裁判となれば、悪い噂《うわさ》も立つでしょう。そこで、ポジショニングの戦略は現状のままで、組織をそれに合うように作り込むことで競合会社に勝つのです。だから――ポジショニングの戦略は捨てることにします」

「ポジショニングの戦略は捨てるって――アンタ、やっぱり頭がおかしいんじゃないの？」

メガネザルが足を組んで、「キッキーッ」と人を小ばかにするような奇声を発した。

「なんだかんだ言って、何もできないじゃない。やっぱり、新しい戦略を作れない人間の能力は低いわね。偉そうなこと言って、チャンチャラおかしいわ」

「その通りです。人間の能力は低い」

思いもよらない返答に、メガネザルは虚を衝《つ》かれた。

「ここは競合会社に勝つための『ポジショニング』の戦略ではなく、それを動かす『組織』の変革で戦うことにしましょう」

「組織?」

黒河が、オウム返しのように同じ言葉を発した。

「組織ねぇ……まぁ、それを優先したってダメだと思うわ。今のフランチャイズの組織ってね、ライフ商事の名前で、『開業資金として1000万円無利子で貸すから、フランチャイズやりませんか』と広告を出したら、すぐに集まってきた人たちなのよ。そんな烏合《うごう》の衆の組織をどんなに強固にしても、競合会社に勝てるわけがないわよ」

メガネザルは強い口調で滝川の意見に反論した。しかし、滝川は口を真一文字にして、顔を左右に大きく振った。

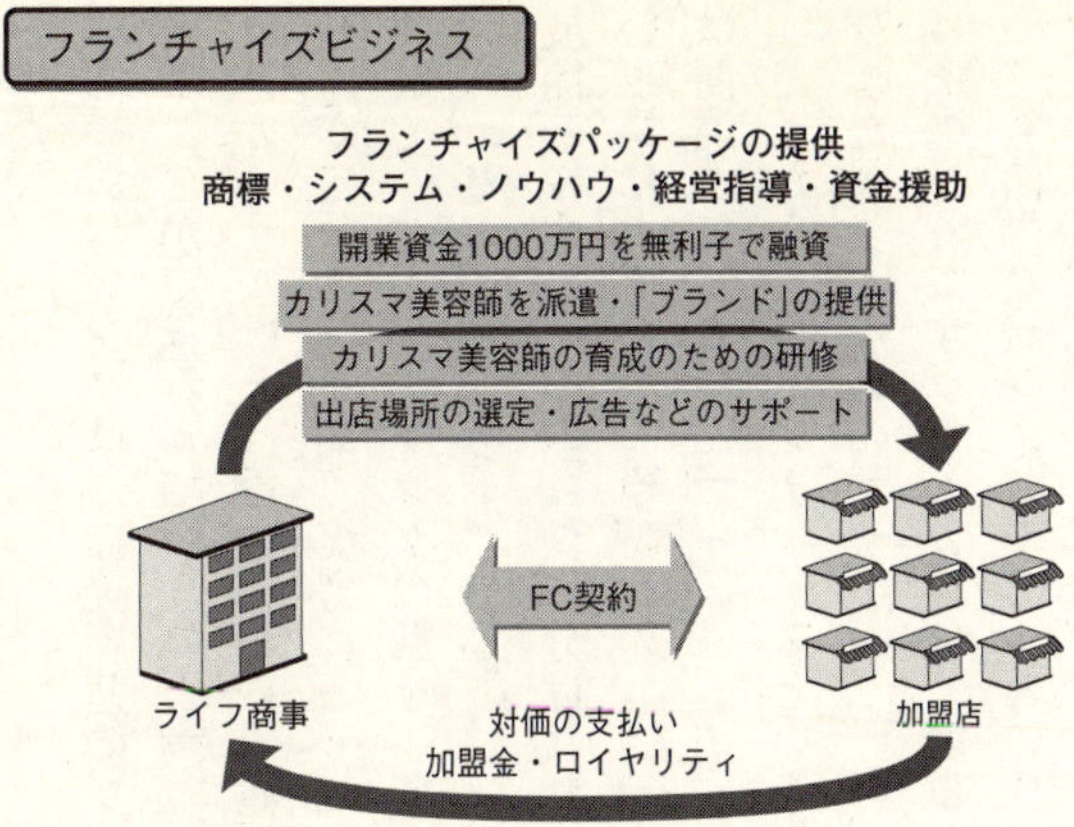

図⑤

「それはフランチャイズそのものが、簡単にマネされるくらいの貧弱な組織ということなんですよ（上図⑤）。カリスマ美容師というポジショニングの戦略も、フランチャイズという組織も、世の中にはすでに腐るほど存在しています。私がこれから提案する組織作りは、そんな弱々しいものではありません」

滝川の言葉に、メガネザルは頬《ほお》を引きつらせた。確かに、今、自分がやっている戦略と、まったく同じ競合会社を何社も知っていた。しかも、ライフ商事の美容室が、他と比べて安い価格というわけでもない。つまり、競合会社と比べて、何も目新しいところがないのだ。

「じゃあ、アンタはこの美容室のフランチャイズを、どうしたら強い組織に変えることができるっていうのよ」

メガネザルはそう言いながら、滝川の席に近づいていった。滝川は、メガネザルが自分の話を聞く姿勢になっていることが分かり、さらにゆっくりとした口調で、マーケティングの話を丁寧にし始めた。

「いいですか？　まず、〝事業〟というのは、水平展開しやすいものと、垂直展開しやすいものの2つに分けられます。その中で、美容室は水平展開しやすい事業になるので、現時点の〝店舗を増やす〟という横に広げていく戦略自体は間違っていません」

「だったら、フランチャイズという組織は、美容室というビジネスモデルにはぴったりじゃないの」

「その通りです。でも、自分で簡単だと思うビジネスモデルは、競合会社にとっても簡単なビジネスモデルということになってしまうのです。そもそも、ライフ商事は、なぜ事業部制になっているのですか？」

突然の質問に、メガネザルは言葉を詰まらせながらも答えた。

「なぜって……そりゃ、ライフ商事には5つの事業部があるけど、業種がバラバラでしょ。それを本社で全て管理しようとするのは、ムリじゃない。だから、事業部制にして、それぞれに自由に意思決定させることで、売上を伸ばしているんじゃないの」

その言葉を聞いて、滝川は「さすが」と答えた。メガネザルは少し褒《ほ》められて嬉《うれ》しくなったのか、頭をポリポリと掻《か》きながら俯《うつむ》いてしまった。

「部長の言う通り、事業部制とは、自由に意思決定させることができる組織なんです。だからこそ、多角化できる利点があります。これと同じように、フランチャイズという組織も、カリスマ美容師を派遣するというだけで、あとはオーナーが売上を伸ばすために、自由に意思決定できるというメリットがあります」

「その通りよ。うちはオーナーの意思を尊重しているもん」

「でも、それは悪く言えば、ライフ商事の美容室としてではなく、フランチャイズ店がバラバラに意思決定しているってことですよね？」

その問いかけに、メガネザルは口をモゴモゴとさせるだけで、答えることができなかった。オーナーの意思を尊重するというやり方では、結果的に、方向性やコンセプトがバラバラになってしまって、統率《とうそつ》など取れない状態を生んでいたからである。

「これでは、マーケティングの戦略をいくら考えても、彼らがそれを取り入れないから、儲かるはずがありませんよ。先ほど、部長は『オーナーの意思を尊重する』と言っていましたけど、それは直訳すれば、『俺は知らないから、お前ら勝手にやれ』って指示を出しているのと同じ意味になりますよ」

メガネザルはその言葉を聞いて、悲しそうな表情で滝川の顔を見た。確かに、面倒くさいことは「オーナーに任せる」と言って、放任主義で今までやってきてしまった。それが人間たちに判断力を植えつけることに繋がり、オーナーを成長させるものだと思っていたからである。しかし、本音を言えば、これらは自分自身が責任や指導から逃《のが》れるための言い訳にすぎなかった。

メガネザルはヘタヘタとその場にしゃがみ込むと、体育座りをして動かなくなった。

そして、脈略もなく、突然、蚊《か》の鳴くような声で歌を口ずさみ始めた。

「アーイアイ、アーイアイ、アーイアイ、アーイアイ、おさーるさーんだよー」

「部長、どうしたんですか？」

滝川が話しかけても、メガネザルは宙の一点を見つめるだけで、まったく呼びかけに反応しなかった。

「アーイアイ、アーイアイ、アーイアイ、みなーみのしまーの」

「部長！」

「アイアイ、アイアイ、アイアイ、アイアイ、しーっぽのながいー」

「黒河さん、部長、どうしちゃったの？」

「何が、ですか？」

黒河は、まるで目の前で起きていることが、当たり前のことのような口ぶりで首を傾げた。

「何がって……『アイアイ』って猿の歌をずっと口ずさんでるじゃないか」

「あー、その歌ですか。『アイアイ』とは、マダガスカルに生息する猿のことを意味していて、それを１９６２年に作詞家の相田裕美《あいだひろみ》さんが童謡として――」

「あー、もう、黒河さん！」

「はい？」

「『アイアイ』の歌の説明はいいから！　なぜ、この歌を今、部長が歌っているのかを聞いてるんだよ！」

ややキレ気味に滝川が尋ねると、黒河は「あぁ」と思い出したように言葉を繋いだ。

「きっと、ショックのあまり、現実逃避しているだけなんだと思います」

「現実逃避すると、猿は『アイアイ』を歌うのか？」

「深く考えたことがないから分からないです。ただ、精神的に大きなダメージを受けているのは確かだと思います」

滝川は心の中で「めんどくせぇな」と思った。メガネザルで、オネエで、メンタルが弱くて、ネチっこくて、落ち込むと『アイアイ』を歌い出す……正直、滝川には救い出す方法が何も思いつかなかった。

しばらくすると、黒河が「とりあえず――」と言って、滝川の背中をポンと叩《たた》いた。

「滝川さん、部長を強く抱きしめてあげてください」

「はぁあああ？　なんで？」

「オネエだから、男の人に抱きしめられると、元気が出るかもしれません」

「わけの分かんないこと言うなよ。さっきも言ったけど、俺はオネエが苦手なんだよ！」

「これも仕事です！　部長を抱きしめて、耳元で『愛しているよ』と優しくささやいてください」

「なんで、そんなことまで言わなきゃいけないんだよ！」

「今は照れている場合じゃないでしょ」

「照れてなんかいねぇよ！」

「ごちゃごちゃ言ってないで早く！　いつも、社内の女性社員に対して、片《かた》っ端《ぱし》から言っている言葉じゃないですか」

「……な、なんで、それをキミが知っているんだ？」

滝川は顔を引きつらせた。

「総務部のユイちゃん、営業補佐のノゾミちゃん、それと受付のクルミちゃん――あれだけ『愛しているよ』って言いまくっていたら、社内で噂が広がるに決まっているじゃないですか」

「それは……良い評判として広まっているのか？」

「悪い評判に決まってます！」

黒河はそう言うと、滝川の背中を力任せに両手で押した。滝川はよろよろとしながら前に出ていくと、「もう、どうにでもなれ」とつぶやいて、力強くメガネザルのことを抱きしめた。

「アーイアイ、アーイアイ、アっ……ぇ」

メガネザルの歌声が止まった。滝川はやけくそ気味に、「愛しているよ」と小声で言った。メガネザルは、大きなメガネにいっぱいの涙を溜《た》めながら、「キッキー」と泣きながら滝川に抱きついてきた。

「ごめんなさいっ！　私、今まで、間違ってたわ。オーナーに任せると言って、全てをほったらかしにしていたの。こんな私が部長じゃ、事業部が黒字になるわけがないわよね」

オネエ嫌いの滝川も、さすがにメガネザルがかわいそうに思えてきた。おそらく、彼は組織を作ることよりも、自由気ままに仕事をすることのほうが性格的に向いているように思えた。しかし、大学でマーケティングを学んだというだけで、上司に〝経営センスがある〟と勘違いされて、今、不向きな仕事をさせられているだけなのかもしれない。

「大丈夫ですよ、部長。これからは俺がそばにいます」

「ホント？　じゃあ、私と一緒に、このフランチャイズの組織を盛り上げていってくれるの？」

「いえ、今のフランチャイズの方式は止めてしまって、全て直営店の美容室に切り替えようと思っています」

「へ？　直営店？　なんで？」

メガネザルと黒河は口をあんぐりと開けて滝川を見た。

「直営店なんかにして……本当に、大丈夫なの？」

「俺に任せてください！」

滝川は白い歯をむき出しにして、親指を立ててニコリと笑ってみせた。しかし、メガネザルと黒河にとっては、その昭和臭《くさ》いリアクションが、余計に不安を煽《あお》り立てた。

「でも、もし、組織を根本から変えて失敗でもしたら……社長になんて言われるか」

メガネザルはそう言うと、ぶるぶると震え始めた。よほど社長が怖《こわ》いのか、大きな眼球まで震え始めていた。

強い組織を作るための5つの条件

滝川はもう一度、「任せてくれれば、大丈夫」と力強く言って、テーブルの上にあったメモ帳に、5つの項目を書き記した。

① 美容室の社員が、今までの考え方を捨てる
② 美容室で、一緒に働く社員同士がオープンになって情報を交換する
③ 会社だけではなく、自分たちの社会的な役割も理解する
④ 美容室の事業部とお店で働く全ての社員が納得できる目標を作る
⑤ その目標を達成するために、社員で協力し合う心を持つ

「強い組織を作るためには、まずはこの5つを徹底させることです」

メガネザルは震える手で滝川のメモを受け取った。ひとつひとつ、各項目を丁寧に読み進めていくうちに、なんとなく気持ちが前向きになってきた。

「少し勇気が湧《わ》いてきたわ……あなた、よく、こんな素晴らしいことを、5つの項目にして考えついたわね」

滝川は、その言葉にドキリとした。これは、自分の考えた言葉ではない。マサチューセッツ工科大学経営大学院の上級講師であるピーター・センゲの著書、『学習する組織』から抜粋した言葉だった。しかし、ここでこの名前を出すと、「ピーターって、もしかしてオネエのピーター？」と、話がもっとややこしくなりそうだったので、滝川はこの話の出所は、自分の心の中にしまっておこうと思った。

「で、これを具体的に、どうやって使えばいいの？」

メガネザルが自分の話に興味を持ち始めていることもあり、滝川は構わず話を続けることにした。

「まず、美容室は『髪の毛を切る場所』という概念を捨てようと思います」

「えええっ、ちょっと待ってよ！　美容室は髪の毛を切りに来る場所でしょ」

「そうじゃありません。美容室は、とっても特殊な事情を抱えています」

滝川は、視線を黒河に向けた。

「黒河さんは、髪の毛を切りにいく時に、何を重要視しますか？」

黒河は、ロングの黒い髪の毛を触りながら「そうですねぇ」と首を傾げた。

「私の好きな美容室のイメージは、落ち着く雰囲気で、大人っぽくって。そういうお店で髪の毛を切ってもらうと、やっぱり気持ちが癒《いや》されますよね。あと、お店の美容師さんの雰囲気も大事ですよ」

「雰囲気っていうと、カリスマってことでしょ？」

メガネザルの問いかけに、黒河は慌てて首を横に振った。

「違いますよ。話しやすさとか、居心地の良さとか、そういう意味です」

その言葉に、滝川は「それだよ！」と言って、指を鳴らした。

「美容室を、髪を切る場所ではなく、コミュニケーションの場にするんです。社員教育を徹底させて、お客を会話や雰囲気で楽しませるお店に作り変えるんですよ」

メガネザルは、「そんな高度な話術、うちの美容師にできるわけないわよ」と、喉元《のどもと》まで言葉が出かかった。しかし、先ほど、滝川の書いた強い組織になるための5つの項目を、もう一度読み返した。

「個人が過去の考え方を捨てて、一緒に働く人に対してオープンになることを学び、会社や社会がどうなるべきかを理解して、全員が納得できる目標を作り、それを達成するために協力する——」

メガネザルの頭の中には、カリスマ美容師になるために、一生懸命練習していたフランチャイズ店の社員たちの姿がよみがえっていた。

「できるかもしれない……いや、必ずできるわ」

メガネザルは独り言のようにつぶやき、そして力強く言った。

「私はまず、何をすればいいの？」

メガネザルはそう言いながら、滝川の手を握り締めてきた。心なしか、メガネザルの目がハート型になっているような気もする。しかし、ここで自分が拒絶反応を示すと、また精神的なダメージを受けて『アイアイ』を歌い出してしまうかもしれない。

滝川は、ここまで来たらいけるところまでいってしまおうと思い、メガネザルの手を握り返しながら、話を進めることにした。

「まずは、お客を選ぶことです。お店の雰囲気に合わないとか、美容師と話が嚙《か》み合わないと思ったお客は、来店しなくなるようにしましょう」

「えええっ、それは、ちょっと……ねぇ」

メガネザルと黒河は、同じことを思ったのか顔を見合わせた。

「もちろん、お店に来たお客を追い返すのはやりすぎですよ。でも、美容室の内装を変えたり、美容師の服装を変えたりすることで、お店に馴染《なじ》めないお客は、自然と足を運ばなくなります」

「なんだか、もったいないような気がするわ」

「このような『選ばれた人しか来られない』という美容室のコミュニティを作ることができれば、人間心理として、そこに入りたくなるはずです。特に、そのコミュニティがワクワクするようなものであれば、なおさら強く人を惹《ひ》きつけます」

滝川はそう言うと、店内を回りながら、いろいろアドバイスを始めた。

リピーターを増やし、新規顧客を開拓する方法

「まずは、常連のお客だけに、市販されていない業務用のシャンプーやトリートメントなどをプレゼントしてみるといいと思います。他のお店では手に入らない商品をもらえると、プレミアム感が出て、お客はとっても喜びます。あと、お客には定期的にニュースレターを発行して、店内でのイベントや、キャンペーンのお知らせをするのもいいでしょう。積極的に情報発信していくの

も、お客のワクワク感を煽ることに繋がります」

メガネザルは「ふむふむ」と言って、滝川のアドバイスを手元のメモ帳に書き始めた。

「ＶＲＩＯ分析でも書かれていましたが、美容室の立地上の優位性はあるので、美容師との人間関係ができれば、スイッチングコストは高くなります」

「すみません。その『スイッチングコスト』って、どういう意味ですか？」

黒河の質問に、滝川は笑顔で頷《うなず》いた。

「お客が、競合会社の美容室に切り替えてしまうことによる損失のことだよ。その損失が大きいほど、切り替えにくくなる」（１３５ページ図⑥）

「なるほど。つまり、『この美容師とお話できなくなってしまう』というハードルを作ることによって、お客を他のお店に流出させることを防ぐんですね」

２人の会話に、メガネザルが表情を歪《ゆが》ませながら割って入ってきた。黒河を睨みつける目は、明らかに嫉妬《しっと》している女性の目つきだった。

「ねぇねぇ、私も質問していいかしら」

メガネザルが黒河と滝川の間に体をねじ込ませてきた。

「スイッチングコストが高くなるのはいいけど、もし、そこまでやっても、お客が流出したら、どうするのよ」

「スイッチングコストをさらに上げる工夫をするんですよ。お客が流出してしまった原因を反省して、組織作りに反映させるのです」

滝川はそう言うと、「他にも、部長にはやってもらいたいことがあります」と言って、テーブルにあったメモ帳に『回転率』という言葉を書いた。

「お客に来店してもらう回数を増やすことで、費用をかけずに売上を上げていくんです。無駄《むだ》な空き時間を作らず、できるだけ席が埋まる時間を増やすよう心掛けてください。美容師が、手持ち無沙汰《ぶさた》で待っている時間が長いほど、無駄になってしまいます。椅子がいつでも埋まっている状態を作ること、それには、予約の取り方が大切です。特に、お店の立地を見ると、路面店も多いようなので、飛び込みのお客もいるはずです。その確率も考えておくべきです」

メガネザルは、今までお店の『回転率』など考えたことがなかった。しかし、滝川の言う通り、もっと効率よく予約を取ることができれば、さらに売上が伸びるはずだし、予約の対応マニュアルを改善すれば、キャンセルも抑えられるかもしれない。

「お客が流出しなくなり、回転率が上がれば、あとは、新規のお客さえ確実に

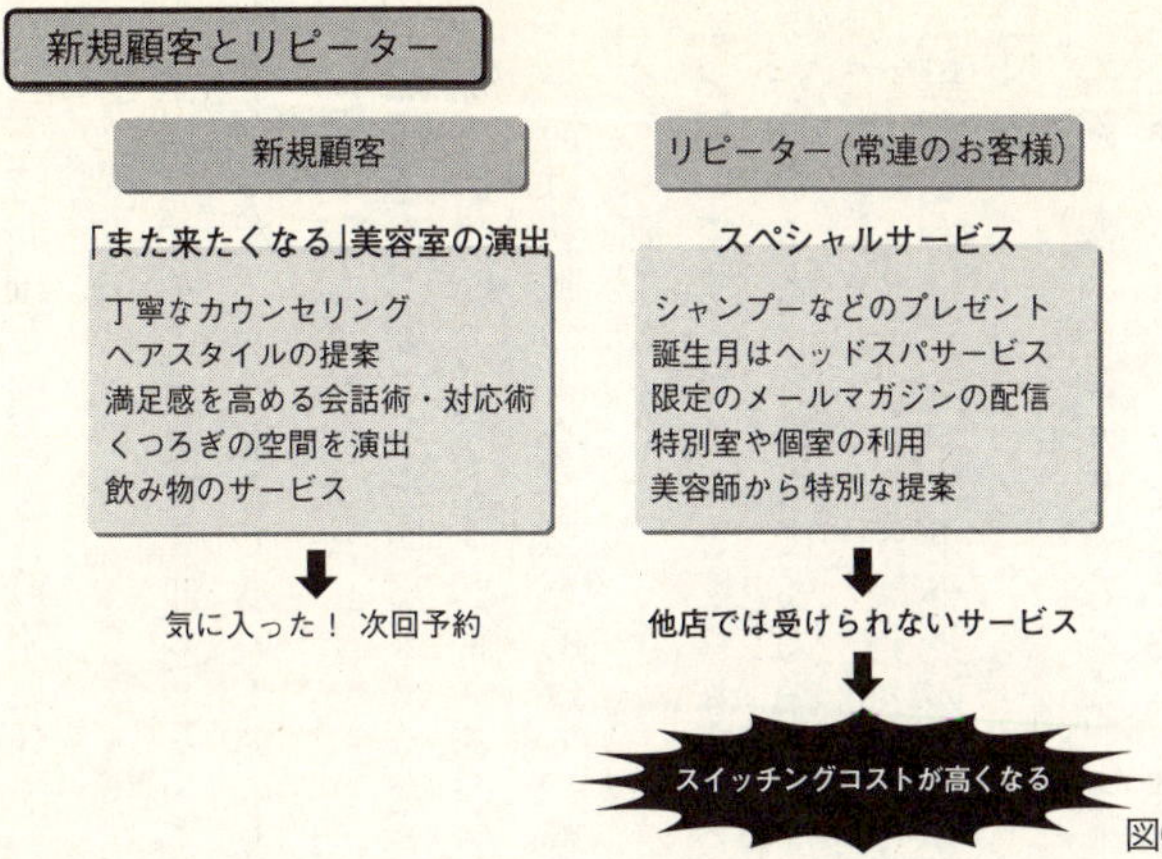

図⑥

増やしていけば、お店の売上は安定します」

「新規のお客ねぇ……」

メガネザルが表情を硬くした。

「そこが問題なのよねぇ。最近、新しいお客が増えていないのよ」

メガネザルは、机の上に雑誌や新聞を広げて見せた。

「地元のローカル誌に広告を出したり、雑誌やWEBサイトにクーポン券をつけたりしているけど、反応がよくないのよねぇ。もっと効率よく新規顧客を集める方法があればいいんだけど」

メガネザルはそう言うと、滝川の胸元を人差し指でグリグリといじり始めた。1時間ほど前まで、滝川に牙《きば》をむいていたメガネザルは、いつの間にか、滝川の虜《とりこ》になっていた。

滝川は、その行動に鳥肌を立てながらも、「それなら」と言って、突然、立ち上がった。鏡の前まで歩いていくと、カット用のハサミを手に取り、座っている黒河に詰め寄った。

「黒河さん、髪の毛を切らせてください」

「はっ？　ちょ、ちょっと待ってください」

黒河は悲鳴のような声をあげて、壁のほうに駆け足で逃げ出した。

「突然、何ですか！」

「お願いです。髪の毛を切らせてください」

「バカなこと言わないでください！　滝川さん、髪の毛の切り方なんて知らないでしょ！」

「黒河さんは、ショートヘアのほうが似合いますよ」

「へ？」

一瞬、黒河の顔が赤くなった。そして、その直後に、そばにいたメガネザルが「分かった！」と叫んで立ち上がった。

「髪の毛の切り方教室を開催しろってことね」

「その通りです。子どもの髪の毛や、自分の髪の毛を、自宅でカットしたい人は思いのほか多いと思います。節約という意味もありますが、それ以上に、髪の毛を切るという行為に対して、多くの人が興味を持っているはずですからね」

「でも、そんなことしたら――美容室に髪の毛を切りに来るお客を減らしてしまうことにならないかしら」

その言葉に、滝川は、「そうとも限りませんよ」と言って言葉を繋いだ。

「髪の毛の切り方を教えるということは、自分たちの技術力をお客に披露する場にもなります。コミュニケーションが増えることにも繋がりますし、スタッフの顔や名前を覚えてもらう機会にもなります。結局のところ、髪の毛の切り方を数時間教えてもらうだけでは、自分で髪の毛をキレイに切れるようにはなりませんから、お客の流出には、繋がらないと思いますよ」

メガネザルが「なるほど」と感嘆の声をあげた。

「だけど、滝川さん、どうやって髪の毛の切り方教室を開催していることを、新規のお客に告知するんですか？」

壁際まで逃げていた黒河が、滝川を警戒しながら席に戻ってきた。しかし、その態度には我関せずと言わんばかりに、滝川はハサミをチョキチョキと動かしながら、言葉を発した。

「告知には、プレスリリースを活用します」

「プレスリリース？」

「地元のローカル誌や、新聞、ラジオやテレビに、髪の毛の切り方教室の開催告知の情報を流すんです。マスコミは、お店の宣伝に絡《から》むような情報は敬遠しがちですが、地域に貢献するような話題や、地域密着型のイベントに対しては、積極的に取り上げてくれます。それを利用して、髪の毛の切り方教室を告知してしまうんです」

黒河はそれを聞いて「さすが！」と言って言葉を繋いだ。

「そうすれば、多くの人にも情報が届きますし、広告費もかけずに新規顧客が集められますね」

「メディアで紹介されるようになれば、情報がクロスして、ローカル誌の広告やクーポン券の反応も上がると思います。相乗効果できっと新規顧客は増えるはずです」

滝川の言葉を聞くと、メガネザルは「ウィッキー！」と言いながら、滝川に抱きついてきた。

「あんたのアドバイスのおかげで、新しいことにチャレンジする勇気が出てきたわよ」

「そう言ってもらえれば、私もわざわざ来た甲斐《かい》がありました」

メガネザルは「あんたには、どうしてもお礼がしたい」と言うと、自分の大きな目に手を突っ込んだ。一瞬、目玉が取れたのかと思って滝川は後ずさりしたが、よくよく見ると、大きなメガネが、メガネザルの顔から外《はず》されただけだった。

「私の大事にしていた、伊達メガネ、あんたにあげるわ」

「これ……伊達メガネだったんですか？」

メガネザルの顔をマジマジと眺《なが》めたが、伊達メガネをつけていた時と外したあとの違いは、滝川にはまったく分からなかった。

「3ヶ月後、もう一度、この店に来てちょうだい。そしたら、私がどれだけの組織を作ったのか、あんたに見せてあげる」

メガネザルはそう言うと、滝川の耳元にそっと口を近づけた。

「その時は、私の秘密も全部、お・し・え・て・あ・げ・る」

その言葉に、滝川は軽いめまいを覚えた。


3ヶ月後、再び滝川が直営店の美容室を訪れると、店内はお客で満席状態になっていた。

フランチャイズ店を直営店にすることで、社員教育を徹底的に実施。技術研修だけではなく、挨拶《あいさつ》や接客術、時にはホストクラブの店長をゲストに招いて、女性に愛されるトーク術の講義まで行うことがあった。

さらに、各店舗で地域の主婦向けの「子どもの髪の毛カット教室」を展開。マスコミに取り上げられただけではなく、ネットでも情報が拡散して、新規顧客は対前年比で1・5倍まで増えた。

「このままいくと、1億円の利益は確実ですね」

黒河が横で電卓を叩いた。

「フランチャイズという組織でオーナーを集めると、〝ノウハウが自動的にもらえて儲けさせてくれる〟という甘い意識を持った人が集まる確率が高くなる。そして、売上が悪くなるとすぐに本部のせいにして、自分たちでは何も努力をしない。しかも、フランチャイズ契約を破棄したオーナーが、インターネットに騙されたという悪口を書いて拡散してしまうと、新しいオーナーも集まらなくなり……結局、そのビジネス自体が壊れてしまう」

「フランチャイズに加盟させれば、あとは自動的に儲かるだろうと考えて、開業資金の1000万円を貸し付けるという甘い言葉で、オーナーたちを集めてしまったライフ商事もいけないんですけどね」

黒河は少しうしろめたそうな口調で静かに言った。

「だから、俺はフランチャイズ店を止めて、直営店の組織に切り替えたんだ。美容室のオーナーやそこで働く社員も、今までは他人行儀だったけど、みんなライフ商事の社員になれば、お互いに遠慮なく意見を出し合うようになる。ビジネスは真剣に、必死になって〝自分で考える〟という努力をしなければ、絶対に成功なんてできない。ライフ商事の部長も、社員も、みんなが他人に責任を押しつけるのではなく、自分で責任を取るという気持ちを持つことが、強い組織を作る原動力になるんだ」

滝川の言葉に、黒河は口元を押さえながら、軽く笑った。

「何がおかしいんだよ」

「滝川さんって、変わっていますよね」

「俺はいたって普通だぞ」

「ぜんぜん違いますよ。普通じゃありません」

「女にだらしないところか？」

「それもありますけど――」

黒河は、口元を押さえながら笑《え》みを浮かべた。

「売上を伸ばすことに、これだけ必死になる男の人、初めて見ました。猿の部長たちとマーケティングで互角にディスカッションできる人間なんて、私、今まで見たことないですもん」

その言葉に、滝川は思わず「俺はこの世界の人間じゃないからね」という台詞が喉元《のどもと》まで出かかった。しかし、今、それを言っても、おそらく彼女は信じてはくれないだろう。仮に理解したとしても、今の状況を混乱させてしまうだけだし、下手をすれば、今後の業務にも差し支えが出てきてしまうかもしれない。

黒河にどんな言葉を返そうか考えをめぐらせていると、そこにメガネザルが声をかけてきた。

「あらぁ、カッコいいうしろ姿の人がいると思ったら、滝川さんじゃない。やっと、来てくれたのね。どうよ、うちのお店、すごい雰囲気変わったでしょ」

「見違えましたよ」

滝川はためらうこともなく、今の心境を口にした。

「他の直営店の社員も、今は私が指示しなくても、勝手に店舗ごとに接客のロールプレイングをやってるわよ。まだ新しい組織になって2ヶ月しか経《た》っていないから、これから続けられるかどうかが勝負なんだけどね」

メガネザルはそう言うと、手に持っていたチラシを滝川に差し出した。

「今度、うちの店で赤ちゃんのハイハイ競争をやろうと思ってんのよ」

「面白そうな企画ですね」

「赤ちゃんのハイハイ競争をやると、親だけじゃなくて、お爺《じい》さんやお婆《ばあ》さんも応援にやってくるはずよ。そうすれば、その中から新規顧客を掘り起こせると思ってね」

その言葉を聞いて、滝川はメガネザルのビジネスの能力の高さに驚かされた。今は人気の「子どもの髪の毛カット教室」も、いずれ飽きられる時が必ず来る。新規顧客の獲得イベントとして使えなくなるのは時間の問題だ。それを見越して、新しい新規顧客の獲得の企画を早い段階で立ち上げるというのは、そう簡単にできるものではない。

「じゃあ、今度、ゆっくり食事でもしましょうね」

メガネザルは艶《つや》っぽくそう言うと、滝川の手を強く握り締めた。そして、手のひらに1枚の紙切れをねじ込んできた。紙片を広げると、そこにはメガネザルのものと思われる携帯番号、マンションの住所と部屋番号、最後にハートマークが書かれていた。

メガネザルは滝川がそれを確認するのを見て、投げキッスをしてその場から立ち去ろうとした。

しかし、滝川は反射的に「部長！」と声をかけてしまった。

「ん、何？」

滝川は、自分に対して好意を寄せているメガネザルなら、この世界についていろいろ教えてくれるのではないかと思い、話を切り出してみることにした。

「なぜ、この世の中は、人間よりも猿のほうが、経済の能力が高いんでしょうか？」

「なによ、突然。そんなの決まっているじゃない」

メガネザルは当たり前のような口調で言葉を繋いだ。

「猿のほうが賢いからよ。それに――人間には猿みたいな強い結束力がないじゃないの」

チンパンジーが言っていた〝結束力〟という言葉が、メガネザルの口からも再び発せられた。しかし、人間にも猿には負けないぐらいの結束力はある。滝川は、新たな疑問をメガネザルに投げかけた。

「人間の結束力の問題点は、何でしょうか？」

「お互いが、協力しないところよ」

「協力しない？　そんなことありません。人間たちも、周囲の人たちと協力し合って、自分よりも大きな競合会社を相手に、強い組織力で戦っています」

その話を聞いて、メガネザルは「キッキーッ」と笑い出した。

「それは人間が勝手に思い込んでいるだけ。人間は利己的だから、結局はお互いの足を引っ張り合う生き物なのよ。だから、見た目は組織にはなっているけど、みんなバラバラじゃない」

この言葉に滝川は返す言葉がなかった。確かに、人間の組織は、形はしっかりまとまっているように見える。しかし、裏では恨《うら》みや妬《ねた》みが渦巻《うずま》いており、組織としては常に不安定な状態といえた。社内に敵がいるような会社など、山ほどある。時には創業者の父親と二代目の息子が憎しみ合っている会社だってあるぐらいだ。

「そんな弱々しい結束力で、猿の結束力に勝てるわけがないわ」

「猿の結束力は、そんなに強力なんですか？」

「そうよ。なんたって、心が通じ合っている〝群れ〟だからね」

滝川は「群れ？」という短い言葉を、メガネザルに聞き返した。

「私たちは、社長を頂点にして、ピラミッド型の組織を作っているだけじゃないのよ。心で通じ合っている〝群れ〟を作っているからこそ、その上下関係が絶対的なものになるの。猿は人間のように、自分のことだけを考えて勝手な行動はしないわ。素直に、組織の上司の命令に従い、目標に向かって突っ走ることができるから、人間よりも強い結束力で戦えるのよ」

その言葉を聞いて、滝川は今まで出会った猿たちの性格を思い出した。怒る時は怒る。落ち込む時は落ち込む。そして、社長に対しては身体を震わすほど怖がる――人間よりも素直に感情の表現ができるのは、猿の〝群れ〟という習性における強い結束力と関係していると思った。

しかし、その結束力があったとしても、この『部長以上が猿』という歪《いびつ》な世界との辻褄《つじつま》が合うわけではなかった。

「確かに、人間には猿のような強い結束力はありません。しかし、猿がその結束力を発揮しているところは、なぜか経済の世界だけに限られています。そのポジションだけ、極端に猿が人間よりも賢くなるのは、不自然ではないでしょうか？」

その言葉に、メガネザルは「そうねぇ、もしかしたら……」と軽く言うと、周りを少し見渡しながら、小声で滝川に言った。

「15年前、アメリカで『ワシントンショック』があったでしょ」

「ワシントンショック？」

滝川が初めて耳にする言葉だった。

「ほらー、世界同時恐慌の要因となった経済危機《きき》のことよ。そのとき、何かが操作されたらしいの。私も友達づてでしか聞いたことがない話だけど――経済界のお偉いさんの間では、タブーになっている話題らしいわ。インターネットの掲示板でもスレッドが立ったら、すぐに消されるという噂。もしかしたら、そこに何か秘密が隠されているのかもしれないわね」

メガネザルはそう言うと、最後に「私はそういう都市伝説には興味がないけどね」と言って、再びお客で賑《にぎ》わう店内に戻っていった。

ワシントンショック――。

新たなキーワードを手に入れた滝川は、この世界の真相にやっと少し近づけたことを実感して、身体が熱くなる感覚を覚えた。

第3章

競合も多く、価格競争も激しい業界で生き残る方法

――商品点数を絞り、スピードを上げて、売れる機会を逃さない

GENERAL MANAGER OF THE APES

滝川《たきがわ》は、猿ヶ島の砂浜に立っていた。すぐ目の前には、猿の石像と古びた本殿があり、人の気配はまったくなかった。

この場所しか考えられない——。

滝川は、自分がパラレルワールドに迷い込んだのは、この猿ヶ島の祭礼が原因だと確信していた。『部長以上が猿』というキテレツな世界に迷い込んだ前日、年に一度の祭礼を見た滝川は、身を潜《ひそ》めていた小さな石棺《せっかん》の中で意識を失ってしまった。翌日、この島の地質調査に訪れた大学院生に声をかけられて、意識を取り戻したが、おそらく、その時にはすでにパラレルワールドに入り込んでしまっていたのだろう。

『猿の神は、島の人間以外を生きては帰さない——』

滝川はもう一度、猿ヶ島の伝承《でんしょう》を思い出した。自分が猿ヶ島の掟《おきて》を恐れなかったから、違う世界に飛ばされてしまったのか。それとも、この島に時空の歪《ゆが》みのようなものが存在していて、そこに自分が入り込んでしまったのか。

滝川は、再び猿ヶ島に行けば、元の世界に戻れるかもしれないという淡い期待を持って、この島を訪れた。しかし、島に来ても何も起こらず、ただ青い海が、心地よいさざ波の音を奏《かな》でているだけだった。滝川が身を潜めていた石棺は祭壇の近くにあったが、蓋《ふた》がされ鎖《くさり》でぐるぐる巻きにされており、大きな南《なん》京錠《きんじょう》がかけられていた。どうやら、この石棺も、年に一度の祭礼の日にしか蓋が開けられないようである。

滝川はその石棺の蓋を撫《な》でながら、ここ数日間の出来事を振り返った——。

滝川は、美容室事業部の部長であるメガネザルの言っていた「ワシントンショック」についても調べた。

インターネットで検索すると、すぐにワシントンショックに関する解説がヒットした。

【ワシントンショック】

史上最悪の世界恐慌のこと。1999年7月14日、移民を受け入れたことにより、テロが頻発《ひんぱつ》していたアメリカは、食物も、石油も、産業も、全《すべ》て国内で賄《まかな》えることに気づき、一切の外国との交流を行わないことを決断する国民投票が実施された。その日の夜、ワシントンで大統領による「鎖《さ》国《こく》宣言」が発令される。このことで、外国人の所有するアメリカ国債の償還を一切行わないことが同時に決まり、日本や中国、ヨーロッパが持っていたアメリカ国債は、全て紙くずとなった。その時からアメリカドルは大暴落して、日本円とユーロは大高騰。翌日からは、１００日間連続で、世界の全ての株式市場が最安値を更新、アメリカ国債を大量に持っていた世界の銀行が１００日間で１万社も倒産した。世界中の流通がストップして、経済が大混乱に陥った。

滝川のいた世界では起こらなかったが、この世界では一九九九年に、おそらく自分のいた世界の「リーマンショック」と「バブル崩壊」を合わせたような経済危機《きき》が起きたのだろう。前の世界と『部長以上が猿』ということ以外はほとんど同じということを考慮すれば、この世界の人たちも、大変な経済危機に巻き込まれ、それを乗り越えるために苦労してきたことが推測できた。

しかし、このワシントンショックを調べたところで、滝川の疑問が解けたわけではなかった。

未曽有《みぞう》の経済危機「ワシントンショック」は、経済の能力の高い世界中の猿たちによって改善されて、１年後にはアメリカの鎖国が撤回され、世界経済は安定した状態へと戻っている。ここには人間と猿との関係は、何も触れられてはいない。

ただ、今回、歴史を振り返ることで、新たに分かったことが、ひとつあった。それは、猿が昔から、私たち人間の歴史の中に登場しているということだった。

日本で、和同開珎《わどうかいちん》を作ったのも「猿」。

ヨーロッパで、産業革命を起こしたのも「猿」。

東インド会社を作ったのも「猿」だったし、戦後、日本の経済成長を支えた自動車や家電メーカーの社長も、全て「猿」と歴史には刻まれていたのだ。

猿は昔から、世界中で経済の世界の中心にいて、私たち人間と共存していたのである。

そのせいか、昔話や言い伝えも、この世界では少しだけ〝ズレ〟が生じていた。『サルカニ合戦』は『タコカニ合戦』になっており、タコが最後は痛い目にあうというストーリーになっていた。また、『桃太郎』の話も、桃から生まれた猿が、ヘビとキジとイヌを団子で飼いならして、鬼退治に行く話にすり替わっていた。他にも、『サルも木から落ちる』ということわざが、『人間もホームから落ちる』という、わけの分からないことわざになっていたり、『日光サル軍団』が『日光ブタ軍団』になっていたり、自分のいた世界とは、ここでも〝ズレ〟が生じているような状況だった。

しかし——これはあくまで滝川の感想だが——猿についての歴史的記述や事象に関しては、強引さが目につく印象があった。上手《うま》く言葉では表現できないが、意図的に〝ズレ〟を作り出しているとしか思えなかった。

また、これらの猿の存在に深い疑問を持つ人間が一人もいないことも、滝川の不信感を募《つの》らせた。人間たちは、一般的な記憶力を持ち合わせているものの、自分たちのルーツや人間と猿との関係などの事象に関しては、その部分だけ都合よく記憶が抜け落ちているように思えてならなかった。『深く考えたこ、、、とがない』という人間たちの決まり文句も、おそらく、この猿の存在に疑問を持ちたくないという気持ちの表れと言ってもいいだろう。この世界では比較的、仕事ができるレベルの黒河《くろかわ》ですら、猿の存在に疑問を持っていないところを見ると、人間の全てが現状に対して疑問は抱いていないと考えるべきだ。

だが、滝川の今持っている情報量だけでは、この意図的な〝ズレ〟によって作られたこの世界を、上手く説明することはできずにいた。滝川はもどかしい思いをしながらも、淡々と日々の仕事をこなすしかなかった。

滝川は、ライフ商事のオフィスの窓から、東京湾をじっと眺《なが》めていた。

ドアがノックされたので、「どうぞ」と言うと、黒河が入ってきた。

「そろそろ、出発の時間ですよ」

最初の頃は、つっけんどんだった黒河の態度も、最近は警戒心がなくなったのか、言葉尻《ことばじり》がとても優しくなっていた。まだまだ冗談には棘《とげ》のある言葉が飛び交うような状況ではあったが、仕事のパートナーとしても積極的に業務をこなしてくれていた。

「今日は確か、生活用雑貨を製造・販売している事業部だったな」

滝川は、スーツの上着に腕を通しながら、問いかけた。

「主にキッチン用品の雑貨を取り扱う事業部です。7年前に、タイの工場を現地会社と合弁で建てて、そこで製造した商品を日本に輸入して、全国の小売店に卸《おろ》しています。最初は、売り切れが続出するぐらいのヒット商品を連発していたのですが、その後、デザインや色合いが流行と合わず、小売店からの受注が減少傾向にあります。そのため、タイだけではなく、日本の倉庫にも大量に在庫を抱えることになり、昨年は、とうとう大赤字になってしまいました」

滝川が、「今年の調子は？」と聞くと、黒河は硬い表情のまま、首を横に振った。

「ダメですね。ヒット商品が生まれず……それでも、最近は製造個数を減らしているおかげで、在庫も少なくなってきています。利益は〝少しだけ赤字〟というところまでは持ち直しましたが――それよりも」

黒河は一呼吸置いてから「部長のやる気が、まったくありません」と強い口調で言葉を繋《つな》いだ。

「社内でも更迭《こうてつ》の話が出ているぐらいの、やる気のない部長です。部長の中では、一番の古株なんですが」

滝川はその話を聞くと、「へぇー、面白そうじゃん」と言って、くすくすと笑い出した。

「何が面白いんですか？」

黒河が口を少し尖《とが》らせた。

「今までの2つの事業部は、部長のやる気はあった。それに経済の能力も高いので、アドバイスの方向性さえ間違わなければ、ビジネスを成功させる確率は高かった。ところが、次の事業部の部長は、モチベーションは低いし、経済の能力も低そうだ。今度こそ、俺《おれ》の本当のマーケティングの実力が試せる絶好のチャンスじゃないか。ワクワクして仕方がないんだ」

その言葉を聞いて、黒河も笑い出した。

「滝川さんって、ホント、強気ですよね」

「そうかな」

「プレッシャーとかなさそう」

「俺だってプレッシャーぐらいあるよ。なんたって1年以内に10億円の利益を作らなきゃいけないんだからな。現時点で、不動産事業部で3億、美容室事業部で1億。残り3つの事業部で6億も作らなきゃいけないだろ。これが達成できなかったら、中途採用の俺なんか、即クビだからね」

その言葉を聞いて、黒河が急に心配そうな表情を浮かべた。

「おいおい、そんな顔をするなよ。ちゃんと目標は達成できるさ」

「本当に大丈夫なんですか？　もし、できなかったら……」

真顔《まがお》で黒河が尋ねる。

「そうだな……そしたら会社辞めて、黒河さんのヒモにでもなろうかな」

その言葉に、黒河の顔が急に赤くなった。

「じょ、冗談でも止《や》めてください。私、そういう男の人って大嫌いなんです」

「でも、家事とか洗濯とか、男が全部やってくれるんだぜ」

「嫌です！　私、バリバリと外で仕事をしている男の人が好きなんです」

その言葉を聞いて、滝川は「そんな仕事ができる男、この世界にはいないぞ」と言いかけた。しかし、彼女の夢を壊すのが本意ではない。

「そんな男、結婚しても面白くないぞ」

滝川は当たり障《さわ》りのない台詞《せりふ》を口にした。しかし、この言葉を真に受けた黒河は、さらに強い口調で滝川に言い返した。

「面白いですよ！　私もバリバリとこの仕事を続けて、もっとスキルを上げたいんです。だから、やっぱり付き合う男の人にも、向上心を持って働いて欲しいんです」

この言葉に滝川は面食らった。なぜならば、向上心のない人間が暮らすこの世界で、このような前向きな発言が出てくるとは思わなかったからだ。

しかし、その健気《けなげ》さが、逆に滝川のいたずら心に火をつけた。滝川は「ははーん、なるほどね」と答えると、ニヤリと笑って言葉を繋いだ。

「分かったぞ。黒河さんは俺と同じで出世欲が強い人間なんだな。自分の成長のためなら手段を選ばない。そうだろ？」

滝川はそう言うと、ぐいっと黒河の近くに詰め寄った。

「今度、食事でも一緒にしようじゃないか。そしたら、俺がマンツーマンで、どうやったら出世できるかを教えてあげるよ」

その言葉に、黒河はしばらく考え込んでから、口をゆっくりと開いた。

「滝川さん、私、さっきの言葉、撤回します」

「ん？　さっきの言葉？」

「私、ヒモみたいな男が嫌いなんじゃなくて――いい年して、ホストのような風貌《ふうぼう》で、自分がモテる男だと勘違《かんちが》いしている、昭和の香りがプンプンする古臭《ふるくさ》い中年オヤジが大嫌いなんです！」

黒河は機関銃のように言葉を畳《たた》みかけると、踵《きびす》を返して勢いよく部屋から飛び出していった。

データ分析だけで勝てる戦略は見つからない

ソファで横になって鼻の穴をほじっているのは、オランウータンだった。どうやら彼がキッチン用品事業部の部長のようである。

「あんた、動物占い、やったことあるか」

オランウータンが、唐突《とうとつ》な質問を滝川に投げかけてきた。

「いえ、そういうのは興味がなくて」

「最近、俺、ハマってんだよ。やってみな」

オランウータンはそう言うと、いろいろな動物が描かれた複数枚のカードをテーブルの上に並べた。

「では、ライオンで」

滝川がそう言うと、オランウータンがライオンのカードをめくった。

「なになに、『あなたは大胆《だいたん》な性格を持ちながら、慎重な一面もある』だって。おいおい！　これ、もしかしてドンピシャで当たってんじゃねぇか！」

オランウータンが興奮しながら滝川に問いかけた。しかし、滝川は「その性格は、誰にでも当てはまるだろ」と思いながらも、にこやかに「ええ」と言って当たり障りのない返事をした。

「やっぱり動物占いはすごいなぁ。ちなみに、俺は〝犬〟を選んだんだ」

動物占いで、猿が犬を選ぶ……もうこの時点で動物占いそのものが破綻《はたん》していると滝川は思った。しかし、オランウータンは、嬉《うれ》しそうに話を続けた。

「そしたら、『洞察力《どうさつりょく》があって、相手が隠していることをなんでも見抜く』って書いてあったんだよ。犬ってすごくねぇか？」

滝川は「別に、犬はすごくないだろ」と思いながらも、なかなか本題に入らないので、自分から話を切り出すことにした。

「では、部長、その洞察力を見込んで、質問します。最近の事業部の業績を教えてください」

動物占いの話が、唐突に切り上げられてしまったことを不服に思ったのか、オランウータンは口を尖らせて、大きなため息をついた。

「あんまり、よくないね」

「どのように、よくないんですか？」

「どのようにって……人気がある商品は、普通に売れているけど、人気がない商品は、ぜんぜん、売れてないねー」

オランウータンは、面倒くさそうに耳の穴を小指でほじくり始めた。

「あんなに時間をかけて企画を練って、なんで売れないかねぇ。そもそも、1年も先の売れるキッチン用品なんて、分かるはずがないんだ。あーあ、やる気なくなっちゃうよねー」

オランウータンは、滝川と黒河に向かって持論《じろん》を展開し始めた。

「ビジネスなんて、突き詰めればギャンブルと同じなんだよ。売れる商品は、何をやったって売れる。売れない商品は、どんなに頑張っても売れない。この見極めは神のみぞ知るって感じだな」

その話を聞いて、滝川は「それも一理ありますが――」と前置きしながら、丁寧に言葉を返した。

「ビジネスを運だけに任せていては、事業部が赤字になるリスクは高くなってしまいます。ここはもう一度、マーケティングの戦略を見直したほうがいいと思いますよ」

「うーん、そうは言ってもねぇ」

オランウータンは、滝川の話を聞きながら、ボリボリとお尻を掻《か》いた。

「いや、俺だってね、前の上司がマーケティングにすごいうるさいやつでさ、若い頃は徹底的にノウハウを叩《たた》き込まれたわけ。だから、その上司から昔教わったSWOT分析だって作ってみたんだ。これって、日本の会社では、会議で一番よく使われているやり方なんだろ」

SWOT分析

強み(Strength)
- 工場を持っているため、自社で企画できる
- 多品種少量生産によって、雑貨の種類が豊富
- 便利なキッチン用品の雑貨が多いと評判

機会(Opportunity)
- ケーブルテレビで、毎日CMを流している
- ショッピングモールに出店している大型小売店に卸している
- 女性向け雑誌で、よく取り上げられている

弱み(Weakness)
- ブランド力がなく、名前を知らない人が多い
- 直営店がないので、お客の声が届かない
- キャラクターとの提携がない
- 小売店以外の販売ルートがない

脅威(Threat)
- 独身者は外食が多いため、キッチン用品の市場は縮小している
- 海外ブランドがキッチン用品の雑貨を販売
- 日本の競合会社は、大量生産で安売り攻勢

図⑦

オランウータンは、散らかったテーブルの上に手を伸ばして、1枚の用紙をテーブルの上に放り投げた（前ページ図⑦）。

滝川がその用紙に目を落としていると、横から黒河が言葉を挟んできた。

「私も大学の時、SWOT分析を勉強した記憶があります。これってすごく有名なんですよね」

オランウータンは、ちょっと得意げに話し始めた。

「ほとんどのやつがSWOT分析で終わりにしているんだよ。俺は、これを使って、TOWS分析までやって、マーケティングの戦略も練っているんだ」

そう言うと、オランウータンは、SWOT分析の紙をひっくり返して、裏に書かれた表を黒河に見せた（次ページ図⑧）。

黒河は、目を丸くしながら唸《うな》った。

「すごいですね。実際に、この紙に書かれていたこと、全部、やっているんですか？」

「もちろんだ」

オランウータンは鼻の穴を大きく膨《ふく》らませた。

「それでもダメなんだから、事業部が赤字なのは俺のせいじゃなくて、運が悪

TOWS分析

	組織（内部）の強み（Strength）	組織（内部）の弱み（Weakness）
市場（外部）の機会（Opportunity）	**積極攻勢**（強みと機会） ・女性雑誌に便利な雑貨として取り上げてもらう	**弱点強化**（弱みと機会） ・ケーブルテレビで、もっと露出度を増やす
市場（外部）の脅威（Threat）	**差別化**（強みと脅威） ・多品種で差別化して、競合会社の安売りに対抗する	**防衛**（弱みと脅威） ・小売店だけではなく、飲食店にも雑貨を卸す

図⑧

いだけなんだよ。そもそも、キッチン用品のような雑貨は、儲《もう》からないってことかもしれないけどな」

オランウータンは、再びソファにゴロンと寝転んだ。

しばらく黙ってSWOT分析とTOWS分析の図を見ていた滝川が口を開いた。

「この4つの中で、どれに重点を置いて戦略を実行したのですか？」

「女性雑誌とケーブルテレビの戦略は、広告費が高いので、ちょっとだけやって反応がないから、すぐに却下。新しく飲食店に卸そうとしたけど、競合会社も同じことを考えていて、入札になると価格で負けてしまう。結局、料理の価格が高い飲食店には、うちの商品の品質が高いことを認めてもらって使ってもらっているけど、数社だけだ。そこで、多品種で差別化という戦略で攻めることに決めて、『サプライチェーン・マネジメント』を展開するようにしたんだ。そもそも、ライフ商事で商品を企画していたし、工場を持っているという強みが活《い》かせるからな」

「サプライチェーン・マネジメント？」

オランウータンはテーブルの上に手を伸ばして、もう1枚の用紙を差し出した（次ページ図⑨）。

「この連鎖《れんさ》をサプライチェーン・マネジメントと呼ぶんだ。俺たちは、ＰＯＳシステムを導入している小売店から、3ヶ月ごとに性別や年齢別に売れ筋のキッチン用品を教えてもらうんだ。その情報を会社で1ヶ月かけて分析して、新しいキッチン用品を企画するんだよ」

「データ分析をちゃんとされているんですね」

黒河の言葉にオランウータンがコクリと頷《うなず》いた。

「こう見えても、俺はコツコツ仕事をやるほうでね」

「なるほど、素晴らしいですね。それに比べて……」

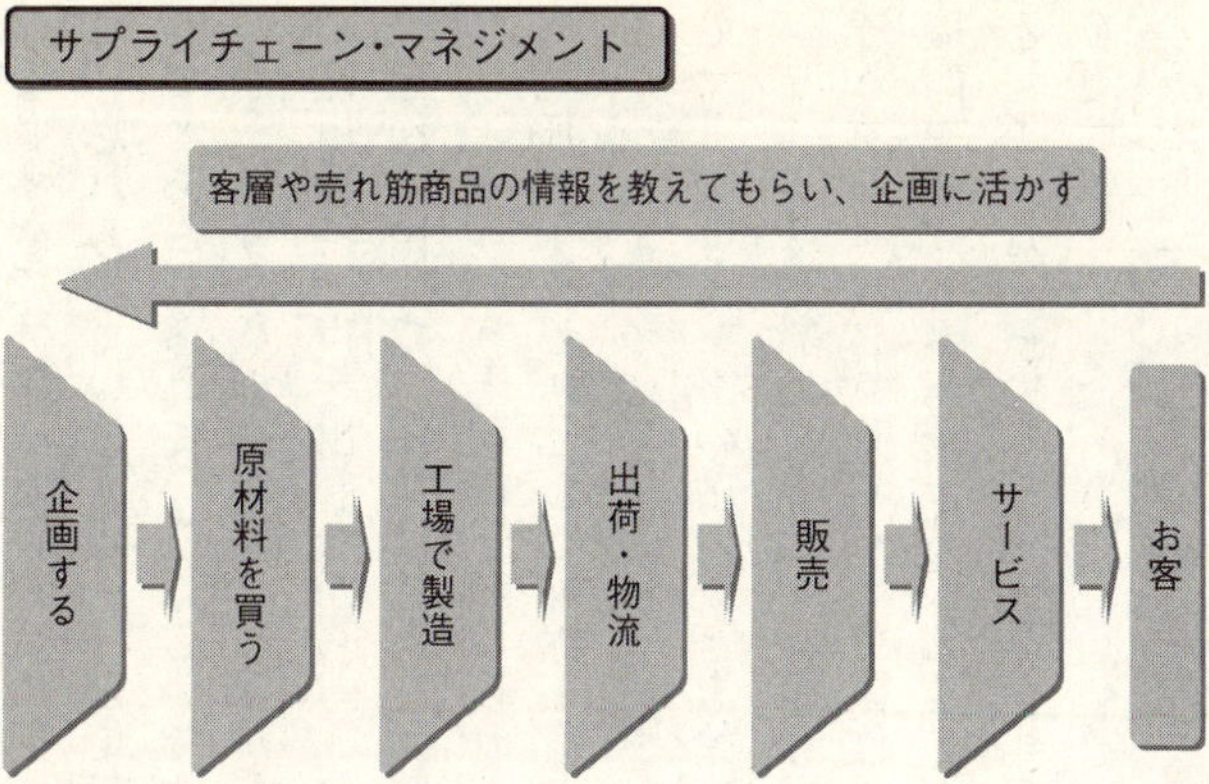

図⑨

黒河は、横に座っていた滝川に冷たい視線を送った。

「なんだよ、まるで俺がチャランポランに仕事をしているみたいじゃないか」

「チャランポランですよ、職場で女性社員を口説《くど》いたり、昼休みに日焼けサロンに行ったり」

「キミに、迷惑はかけていないだろ」

「そういう人が直属の上司だと思うと、私は不愉快なんです。それでも、人望のある上司なら、私も納得します。でも、滝川さんは、女性社員にはガッチリ嫌われているじゃないですか」

「えっ、俺、そんなに嫌われてるの？」

「ええ、かなり。いくらなんでも節操

がなさすぎですよ。女性社員の間では触られるだけで妊娠《にんしん》するんじゃないかって、恐れられていますよ。一部では〝子宝神社〟なんてあだ名がつけられちゃって、あがめられているぐらいですからね」

「……むちゃくちゃな言われようだなぁ」

滝川は鈍い声を出しながら、うなだれた。

「それに比べて、部長は地道なマーケティングをしっかり行っています。やっぱり、こういう上司に、私は憧《あこが》れちゃいますね」

黒河はうっとりとした視線を宙に泳がした。オランウータンもまんざらではなかったようで、「ウホッ」と嬉しそうに声をあげると、さらに賢そうな口調でマーケティングの話の続きを始めた。

「データを分析して新しい企画が決まったら、タイの合弁会社に伝えるんだ。そうすると、2ヶ月ぐらいで試作品が送られてくる。そして、こちらでさらに機能やデザインの修正部分をまとめて、再度、合弁会社に伝える。そうすると、1ヶ月ぐらいして完成品が送られてきて、それを小売店に見せて営業するんだ」

「その時に、小売店の意見を聞くことで、新商品を改良できれば、失敗のリスクは減りますね」

オランウータンは黒河に「分かっているじゃないか」と言って、さらにテンションの高い口調で話を続けた。

「２ヶ月ぐらいすると改良点と注文の個数が決まる。それをタイの合弁会社に発注して、日本の小売店に新しいキッチン用品が並ぶのが、さらに３ヶ月ぐらいあとになる。だから、ちょうど１年前の小売店のＰＯＳデータをもとに作った商品が、１年後に店頭に並ぶというサイクルになるな。それまでは、企画、製造、物流、販売などがバラバラに動いていた。それが、お客の情報を吸い上げることで、みんなが共同で開発した商品を製造して、販売することができるようになったんだ」

オランウータンが一通り話し終わると、10秒ほど間《ま》をおいてから、再び滝川が口を開いた。

「サプライチェーン・マネジメントを実行していることはよく分かりました。でも、これのどこが競合会社に対しての差別化になっているんですか？」

オランウータンはテーブルの上から、さらにもう１枚の紙をつかんで滝川に放り投げた。

①売れ筋の情報をもとに、料理好きの主婦が使いやすい商品を企画する
②試作品を、何人かの主婦に実際に使ってもらい、感想を聞く
③合弁会社の直営工場なので、品質もよく、指示通りの商品が完成する
④小売店の場所によって、価格帯が違う商品を卸す
⑤小売店での売り切れが出ないように、在庫を多めに確保しておく

オランウータンは、黒河の前でカッコいい姿を見せようと思い、表情に力を込めながら話し始めた。

「競合会社が、品質の悪いそれなりの商品を大量生産して、無策で安売りしているやり方と、うちは正反対のことをやっているんだ。企画を練る時間を長く取り、試作品も完璧《かんぺき》に作り、小売店ごとに卸す商品も変えて、売り切れてお客の買う機会を奪わないようにしている。これがうちの差別化戦略ってやつなんだよ」

滝川は渡された2枚の用紙を見ながら、「うーん」と1回唸ったあと、淡々とした口調で言葉を発した。

「これでは、利益が出るはずないですね」

その言葉に、オランウータンは、「はぁ？」と言って、身を乗り出した。

「まず、ＳＷＯＴ分析とは事業部の現状を整理するものでしかありません。そのため、ＴＯＷＳ分析も、その整理された情報を組み合わせているにすぎません。つまり、これらの分析をどんなにやっても、現在の利益が出ていない状況を打開するようなマーケティング戦略を発見することはできないんです」

「おいおい、ちょっと待ってよ。うちの会社にやってくる広告代理店や商品開発の社員なんかも、よく、この分析方法を使ってミーティングしているぞ」

「だから、ダメなんですよ」

滝川は、語気を強めた。

「現状を分析することは大切ですが、それを起点に考えてしまうと、現在の手法を改善することしか、思いつかなくなってしまうのです。実際に、部長のＴＯＷＳ分析の表を見ると、改善点は列挙されていますが、マーケティングの戦略を大転換するような、常識をぶち壊す画期的《かっきてき》なアイデアは出ていません。そもそも、ＳＷＯＴ分析が、そのような戦略ツールではないので、当然ですが」

オランウータンはそれを聞くと、もう一度、ＳＷＯＴ分析とＴＯＷＳ分析の表を見直した。確かに、強みを活かしたり、弱みをカバーしたりする方法は思いつくが、滝川の言う、現状を打開できる〝画期的なアイデア〟は見当たらなかった。

もっと言ってしまえば、自分の都合のいいようにマトリックスを埋めてしまうので、結果的に「利益が出ない理由を探す報告書」を作っているだけのような気もしてきた。思い返せば、SWOT分析とTOWS分析を行った直後から、自分でマーケティングの戦略をゼロから考えることはなくなり、毎回、同じような報告書を何度も作成していたような気もする。

寿命の短い商品の在庫を減らすには

滝川は、さらにオランウータンのやっている「サプライチェーン・マネジメント」についても問いただした。

「先ほどもおっしゃっていましたが、なぜ、部長は小売店で売り切れが発生しないように、在庫を多めにしているんですか？」

「そりゃあ、弱気な小売店が多いからだよ。在庫が残ると、資金繰りが悪くなるから、あいつらはいつも少なめに発注してくるんだ。それで、ヒット商品が出ると、逆に在庫がないから、早く追加の商品を卸してくれとか、勝手なことを言ってくる」

「でも、小売店から注文が入った段階で、タイの工場に発注して、その商品を日本に持ってくるとなると、その頃には競合会社が、同じような商品をすでに市場に投入していますよね？」

オランウータンは大きく頷いた。

「その通り。うちの会社が在庫切れになった商品を、再び市場に投入する頃には、競合会社も似たような商品を出してくるんだよ。あいつら、質が悪い商品を大量に安く売るだけあって、工場の生産能力だけはあるから、作るだけならホントに速いんだ。全てのお客がキッチン用品の品質なんて分かるわけがないから、結果的に、すぐにその商品は飽和状態になって、こちらも値引きして売ることになってしまう。こんな感じで安売りのサイクルがずっと繰り返されているから、最初から商品を多めに作っておくことにしたんだ。これで、在庫切れになることもなく、売るチャンスも逃《のが》さないで、値引きしないですむようになったんだ」

滝川は「その考えは間違っていませんよ。しかし――」と少し間を置いてから、ゆっくりと口を開いた。

「部長のおっしゃる通り、サプライチェーン・マネジメントには、売れ筋の情報を企画に活かすという一面もあります。ただ、もうひとつ、この戦略には企画、原材料、製造、物流、販売、サービスのつなぎ目にある在庫を減らして、コストを下げるという目的もあるんです」

「つなぎ目の在庫？」オランウータンが聞き返した。

「そうです。つなぎ目の在庫を減らすんです。そのためには、情報のやり取りのスピードを速める努力をしなければいけません。それなのに、自分から在庫を増やしているようでは、サプライチェーン・マネジメントをやっている意味がありません」

「具体的にどうすればいいんだ？」

オランウータンが、不満そうに下唇《したくちびる》を突き出した。

「毎日、小売店からPOSデータをもらい、同時に、タイの工場からもラインの状況を報告してもらうんです。そうすれば、企画してから商品を出すまでの時間も、追加で注文を受けて商品を出すまでの時間も短縮でき、かつ無駄《むだ》な在庫を減らすこともできます」

滝川のアドバイスにオランウータンは、うつろな目をしながら「うーん」と唸った。

「いきなりそんなこと言われてもねぇ。小売店はうちの会社のことじゃないし、タイの工場だって、合弁会社だ。情報を毎日もらうのは、そもそもムリなんじゃないの？」

滝川はため息をつくと、身を乗り出してオランウータンの目を見つめた。

「サプライチェーン・マネジメントを徹底してやっている会社は、ずっと工場のラインの状況や社員の仕事ぶりを監視して、在庫をゼロにする努力をしていますよ。それに、もし在庫があったら、それを売り切るまでは、次の商品を作ることを躊躇《ちゅうちょ》してしまいますよね。結果的に、お客に新しい企画の商品を提供できていないんじゃないですか？」

「そうかもしれないけどさぁ」

オランウータンは顔を歪めた。さっきまでは黒河の前でいいところを見せようと張り切っていたが、今は滝川の理詰めによって、自分のマーケティングの戦略がことごとく潰《つぶ》されていっている。だんだんモチベーションも下がってきてしまい、投げやりな気持ちが心の大半を占めていた。

「まぁ、タイの工場長は、うちの会社の元社員だから、ラインの報告はしてくれるかもしれないけど……あー、やっぱりムリだ、ムリ！　小売店の会社との交渉は難しすぎるぞ」

その反論を予想していたのか、滝川はあっさりとオランウータンの言葉を飲み込んだ。

「分かりました。ムリな戦略をゴリ押ししても、仕方がないですからね。それでは、もう一度、こちらのマーケティングの戦略を考え直してみましょう」

滝川は、先ほどのサプライチェーン・マネジメントの紙を裏返して、新しい図を書き始めた（次ページ図⑩）。

「キッチン用品の市場は予測が難しく、ライフ商事は市場でのシェアもほとんどないので、自分たちの商品で市場を動かすことができません。この『市場に適した戦略スタイル』の図の中で言えば――」

滝川がそこまで言ったところで、オランウータンが「分かった！」と言って、言葉を挟んできた。

「俺の勘だけどさ、今のキッチン用品事業部は、この4つのうち、左上の一番過酷《かこく》なところなんじゃないのか？」

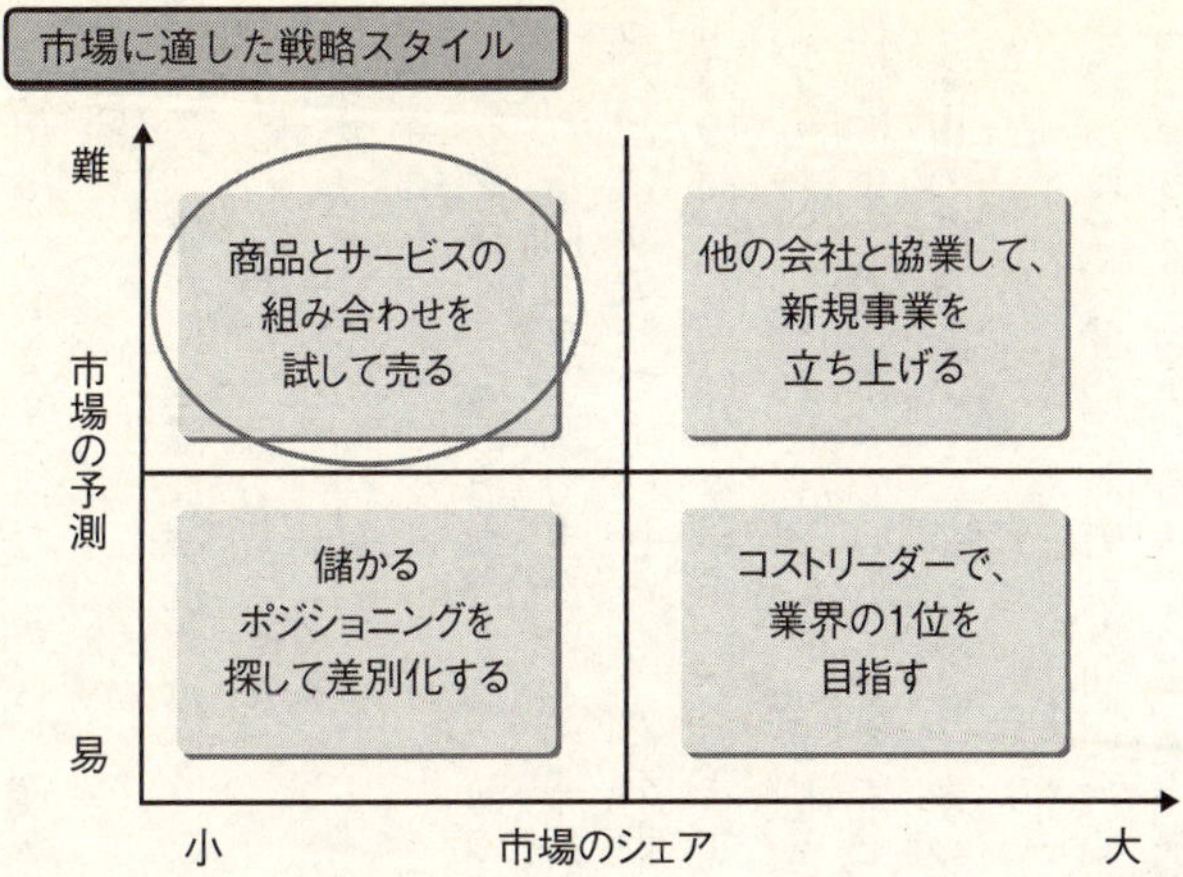

図⑩

「その通りです。このマトリックスの中で、一番難易度が高い『商品とサービスの組み合わせを試して売る』というポジショニングになります」

「やっぱり。これじゃあ市場の予測もできないから、利益も上がらないよな……ダメだな、これは。俺は、左遷《させん》だな」

「左遷って、どこに……ですか？」

滝川の質問に、オランウータンは目を細めて、遠くを見つめた。

「たぶん、タイの工場だ……で、やることもないから、森の中で一日中、ハンモックで寝ころんで、バナナを食べながら暮らすんだよ」

滝川は「そんな生活だったら、俺が代わりたいよ！」と思ったが、構わず話を続けた。

「部長、確かに過酷な状況ではありますが、マーケティングの戦略がまったくなくなったわけではありません」

「おお、それはホントか！　じゃ、教えてくれ！　左遷だけは勘弁《かんべん》してもらいたいからな」

オランウータンはそう言うと、前のめりで滝川の話に耳を傾けた。

「売れる商品を予測できないということは、お客が欲しがる商品がコロコロ変わるということです。しかも、今の世の中はネット通販も出てきて、キッチン用品の商品寿命は年々早まっています。つまり、小売店から売れ筋の商品を教えてもらい、それをもとに商品企画をしていると、その頃には、違う商品が売れ筋になってしまっているんですよ」

滝川の話を聞いて、オランウータンは「おおぉぉぉ」と驚愕《きょうがく》した声をあげた。

「なるほど、今のやり方だと間に合わないってことだな」

「だから、売れ筋の商品をいち早く察知するために、こちらで売り場を見て回り、それをもとに企画を作り、その商品を次々に市場に投入していくんです」

「でも、そんなことをしたら――」

オランウータンが何かを言いかけたが、その言葉にかぶせるように、滝川は話を続けた。

「小売店の店頭に出して動かない商品は、すぐに外《はず》してもらいます。そして、少しでも当たった商品が出てくれば、それはケーブルテレビや雑誌で宣伝して、販路をどんどん広げていきます。このサイクルを繰り返して、反応が良い商品だけを残し、それ以外は廃盤にしていくんです。そして、ヒットした商品であっても長期間引っ張らず、売れ行きが落ちてきた段階で切り捨てていきましょう」

滝川がそこまで話すと、オランウータンは「ちょっと待った」と言って滝川の話を遮《さえぎ》った。そして、前かがみになって滝川の顔をじっと見た。

「よくよく聞いてみたら、お前の言っていることは、つまり……お客の先回りをして売れそうな商品を、片っ端《かたぱし》から市場に投入しろ、ということか？」

「その通りです。お客の意見を聞いて商品開発なんかしていたら、到底、市場の動きに間に合いませんよ。もっと極端な言い方をすれば、市場なんて調査しないで、売れそうな商品をバンバン企画して出していくというのが、この戦略の大事なところになります」

「そんなリスクの高いことできるかぁ！」

オランウータンは長い毛を振り乱しながら立ち上がった。

「ただでさえ、今は商品が売れない時代なんだぞ！　そんなことをして大量の在庫を抱えてみろ、社長にぶっ飛ばされるぞ！」

オランウータンは恐怖と怒りが入り混じった表情で、プルプルと震えながら滝川に向かってきた。感情がコントロールできなくなったのか、ついに頭の毛を逆立てて、猿独特の〝怒りモード〟に突入してしまった。

「また、怒らせちゃいましたね」

黒河が、小さなため息をついた。

「キミは、こんなに感情がコントロールできない上司が好きなのか？」

「いえ、やっぱりさっきの言葉は訂正します。感情のコントロールができる人間の上司のほうがいいですね」

黒河はそう言うと、暴れ回るオランウータンを残念そうな表情で見つめていた。滝川も慣れたせいか、何かのショーを観覧しているかのように、じっとその状況を見守り続けていた。

「猿はみんな、こんなに怒ってばかりで、疲れないのかな」

滝川は、暴れ回るオランウータンを見つめながら、素朴な疑問を黒河に投げかけた。

「怒っている最中は思考が止まっていますからね。自分の声さえも耳に入っていないと思うので、ある意味、トリップ状態です。だから、ストレスにはなっていないんじゃないですか。それに、怒るのは一瞬だけですから、あとに引きずらないだけ、人間よりはいいと思います」

滝川は、少しだけ猿が羨《うらや》ましくなった。怒りを引きずらず、その場で発散できるならば、あとでモヤモヤすることはない。これならば、猿同士でずっと恨《うら》みを持ち続けるということはない。逆の意味で、感情がコントロールされているると言えるかもしれない。猿の結束力の高さは、この〝一瞬の怒り〟にも原因があるのだと、滝川は思った。

やがてオランウータンの毛は元に戻り始めて、歯をむき出しにした顔から、再び穏やかな表情へと戻っていった。

「とにかくだ、市場の声を聞かずに商品を作るなんて、そんな博打《ばくち》みたいなビジネスをやっていたら、社長に怒られるぞ」

難しそうな顔をして話を再開したオランウータンに、滝川は「それは心配しなくて大丈夫です」と力強く答えた。

「なんで大丈夫なんだ。売れ残ったら、在庫の山だぞ」

「だからこそ、部長が言っていたサプライチェーン・マネジメントが生きてくるんですよ」

「なんだと？」

「さっきも言ったじゃないですか。在庫を減らして、コストを下げるんです」

「でも、小売店からのPOSデータを全部無視するんだろ。そんな状態でサプライチェーン・マネジメントができるわけがないぞ」

口を尖らすオランウータンに、滝川は淡々と説明を始めた。

「そのPOSデータをもらうのが遅いから、今だって、流行に一歩間に合わない商品を市場に投入してしまい、在庫として残り、結果的に値引きして売っているんじゃないですか。それに『売れなかったら、怖《こわ》い』と言っておきながら、今は商品点数をバンバン増やし、かつ『在庫切れになったら、怖い』と言って、無駄な在庫を準備しているのは、矛盾《むじゅん》してますよ」

滝川はテーブルの上にあったカタログを手に取った。

「このカタログに載っている商品は、全部、うちの会社のものなんですよね」

オランウータンが頷くと、滝川はカタログをパラパラとめくり始めた。

「お客はキッチン用品のように価格が高くない商品に対しては、〝選ぶ〟ことを面倒に感じると、〝買わない〟という選択をしてしまうんです。しかも、これを見ると似たような商品も多く、競合会社との違いどころか、うちの会社の商品同士の違いすら分かりにくくなっています」

オランウータンは苦虫《にがむし》を噛《か》み潰したような表情になった。

「むむっ、そう言われると……売上が下がって、利益が出なくなればなるほど、商品点数は増えてしまっていたな」

組織力とスピードを武器にする

滝川は、困惑しているオランウータンにさらに質問をぶつけた。

「部長、キッチン用品事業部の〝コアコンピタンス〟は、何でしょうか？」

「えっ？　コアラのコンビダンス？　新しい動物占いか？」

「……コアラの話も、動物占いの話もしていませんよ」

「だって、今、コアラがコンビでダンスを踊るって言っただろ」

「コアラの話は、ひとまずナシでお願いします」

滝川は立ち上がると、ホワイトボードに、大きく〝コアコンピタンス〟という言葉を書いた。

「コアコンピタンスとは、競合会社がマネできない核となる、会社の能力のことです。これがなければ、競合会社には勝つことはできません」

滝川はそう言うと、オランウータンの顔を見た。

「もう一度質問します。ライフ商事のキッチン用品事業部のコアコンピタンスは何ですか?」

オランウータンは、身体《からだ》と顔の両方を捻《ね》じ曲げながら、真剣に考え始めた。

「うーん、何だろうなぁ。まぁ、強《し》いて言うなら自社工場を持っていることぐらいだな。ほとんどの日本の競合会社は、中国の別会社に商品を作らせていて、自社工場は持っていない。まぁ、製造会社同士に競争させて、仕事が遅かったり、対応が悪いと、すぐに切り替えるそうだ。それでも、品質が悪くて、返品も多いと聞いてるけどな」

滝川は残念そうな顔をして、首を左右に振った。

「工場を持っているだけでは、コアコンピタンスになりませんよ」

「えっ、なんでだ？」

「自社工場で作ったか、そうでないかだけでは、商品の差別化に繋がりません。競合会社は『品質が悪くて返品も多い』と言いましたが、それは検品の精度を上げたり、そもそも、商品を作ってもらう会社を変更すれば対応できてしまいます」

オランウータンは「むぐっ」と言葉を飲み込むと、そのまま押し黙ってしまった。そこに黒河が言葉を挟んできた。

「でも滝川さん、自社工場以外に、うちの会社のコアコンピタンスなんてないと思いますよ」

「なければ、作ればいいんだよ」

「は？　作る？」

「コアコンピタンスを、これから作るんだ」

滝川は同じ言葉を繰り返すと、オランウータンと黒河の顔を交互に見ながら話し始めた。

「さっき、部長は自社工場との連携はできると言っていましたよね。それならば、企画が1ヶ月、工場で完成品を作るまでに1ヶ月、小売店に営業して卸すまでを3ヶ月、つまり合計5ヶ月で新商品を作ればいいんですよ。競合会社は、同じようにPOSデータを分析して、中国の工場で作った商品を検品する時間が絶対に必要です。それに対して、ライフ商事は、POSデータを無視して、工場のラインで完璧に商品をチェックすることができるので、新しい企画の商品を、5ヶ月で市場に出すことが可能です。これは、自社工場を持っていない競合会社にはマネすることができません。それを徹底していけば、やがてサプライチェーン・マネジメントで在庫を減らすことにも繋がっていきます」

黒河が「分かりましたよ！」と言って立ち上がった。

「つまり、ライフ商事のコアコンピタンスを、自社工場が持つ〝商品開発スピード〟にするんですね」

その言葉を聞いたオランウータンが、ため息をつきながら「ムリ、ムリ」と言って首を横に振った。

「何が、ムリなんですか？」

「POSデータをもらうまでの3ヶ月を無視するにしても、現時点で、企画から小売店に卸すまでに9ヶ月ぐらいはかかっているんだぞ。それをたった5ヶ月で新商品をリリースさせるなんて、絶対にムリだって。短縮できたとしても、ぜいぜい1ヶ月が限界だ」

そう言うと、オランウータンは、再びソファに寝ころんだ。そして「どうやったってムリなんだ」という言葉を口にして、滝川のほうに向かって大きなあくびをした。

「部長、その考えは逆ですよ」

滝川はニヤリと笑った。

「逆？　どういうことだ？」

「工程を、9ヶ月から1ヶ月だけ短縮させることのほうが難しいんです」

「なんだって⁉」

オランウータンがソファから飛び起きた。

「今から工場に連絡して、商品を作るのを1ヶ月短縮して欲しいと指示を出しても、おそらく、企画や小売店に卸す業務のほうを短縮して欲しいと言ってくるはずです」

「うーん、俺も、そんな予感がするな。それだったら、なおさら――」

オランウータンが続きを言う前に、滝川は反論した。

「でも、9ヶ月間の工程を4ヶ月短縮して、5ヶ月間にしたいと言えば、今までのやり方では絶対にできないことは、明らかです。だから、工場の人たちは新しい方法を考えてその問題を解決しようとします。その時、こちらからも工場と協力することで短縮を実現できれば、組織力がコアコンピタンスになって、スピードを武器にすることができるようになるんですよ」

その言葉を聞いて、オランウータンは身体を硬直させたままその場に立ち尽くしてしまった。確かに、1ヶ月の短縮なら、現場はムリだと反論してくる。しかし、4ヶ月短縮しろと言えば、まったく別の方法を考えなくては、絶対に対応することができない。そこで新しい発想が生まれて、本当に実現できたならば、〝スピード〟はライフ商事の〝強み〟になる。

オランウータンは、滝川の言葉に、胸が熱くなるのを感じ始めていた。これは上司からSWOT分析やTOWS分析を教わった時には、感じることのなかった高揚感《こうようかん》でもあった。

「――お前の言いたいことは分かった。ただ……」

オランウータンはソファに座り直すと、落ち着いた口調で話し始めた。

「もうひとつ、気になることがある。それは、市場調査を自分たちでやるという点だ。ＰＯＳデータを無視した場合、小売店の棚を見て回れば、置いてある場所やその数で、売れ筋の商品はなんとなく予測することができるだろう。しかし、そんな抽象的な調査で、本当に十分なのだろうか？　それに、キッチン用品の売れ筋を探すと言っても、その点数が莫大《ばくだい》だ。さっき、商品を絞《しぼ》ると言っていたが、その厳しい判断が、俺たちにできるだろうか」

オランウータンの言葉に、滝川は難しい顔をしながら「そこなんですよね」と言って、腕を組んで唸った。

「〝組織力の強化〟は〝工場との連携〟で決まりましたが、実は、お客に対するポジショニングをどうしようかなと、私も迷っていたところなんです」

「ポジショニング？　今は商品の話をしているんだろ？」

滝川は、再び自社商品のカタログをパラパラとめくりながら話し始めた。

「ポジショニングを決めなければ、部長の言う通り、私たちだけで、点数が膨《ぼう》大《だい》なキッチン用品を調査するのは難しくなります。それに、企画の時に、なんでもよいとなると、商品の的《まと》が絞りにくく、結果的に時間がかかることになってしまいます。全てを当てるのはムリであっても、ヒット商品を出す確率を上げるためには、やはり企画する商品を絞らないといけません」

滝川は、オランウータンが作ったSWOT分析の用紙（163ページ図⑦）を手に取った。

「部長の作ったこのSWOT分析の表によれば、うちの競合会社は大量生産で安売りばかりしていると感じられます。これからも、競合会社はうちと同じようなキッチン用品を、できるだけ安い価格で売っていくコストリーダー戦略を取り続けるのでしょうか？」

その言葉にオランウータンは大きく頷いた。

「数社の競合会社は、全国に生活用雑貨の直営小売店を100店舗以上展開しているんだ。生活用雑貨だから、キッチン用品に限らず、電気スタンドや猿時計なんかの家電製品から、カーテンや座布団《ざぶとん》までも売っていて、売り場面積も広く、どうしても大量生産で商品を並べることになる。一方で、他の商品もあるから多品種には対応できないし、キッチン用品の専門店ではないから、そこまで品質にもこだわっていない。とすれば、安売りという戦略は、これからも変わらないはずだ」

「それならば、やはりライフ商事のポジショニングは、差別化になりますね。そうすると、何かテーマを明確に決めて、つまり点数を絞ることで、もっと品質が高い商品を早く市場に投入することができるようになれば、競合会社に勝てますよ」

「点数を絞る……うーん、広げたらダメってことか」

オランウータンが腕を組んで低い声で唸った。

「お客に、『自分のために、販売してくれている』と思ってもらえる商品を作ることが目標です。そのためには、商品のメッセージ性を強めること……そのテーマを見つけないことには……。キッチン用品の機能ではなく、差別化できること……あと、もう少しで、思いつきそうなんですが……」

滝川も考えに詰まってしまい、途中で言葉が途切れてしまった。そして、オランウータンにつられるように、「うーん」と唸った。オランウータンも、再び「うーん」と唸る。２人は頭を抱え込んだまま、同じような格好をして、ソファの上で身体を丸めてしまった。

失敗したら、戦略を見直せばいい

５分ほど経《た》ったあと、「グォー、ググォ～」とオランウータンのいびきが聞こえてきたところで、滝川が顔を上げた。

「大きく視点を変えたほうが、良いアイデアが浮かびそうですね」

滝川はそう言うと、黒河に顔を向けた。

「黒河さんは、料理、得意なの？」

「ええ、一人暮らしが長いですからね」

「じゃあ、料理は独学で勉強したのかな？」

「いえ、実は昨年、ちょっと時間を持て余していたので、料理教室に通ったんです」

黒河は、先ほどまで滝川が見ていたキッチン用品のカタログに手を伸ばした。

「最後のページを見てください。うちの会社が運営している料理教室が紹介されています。オープン当初、社員割引が利《き》くと聞いたので、3ヶ月ほどこの料理教室に通っていました」

滝川は差し出されたカタログに視線を落とした。そこには『主婦仲間で料理教室に来ませんか？』という受講生を募集する告知がされており、ショッピングモールの一角で、料理教室が行われている写真が掲載されていた。滝川は「ふーん」と言いながら、しばらく、料理教室のページを凝視した。そして、突然、「これだ！」と大声で叫んでテーブルの上にカタログを広げてみせた。

「部長、この料理教室は、うちの会社の直営ですか？」

滝川の大きな声で目を覚ましたオランウータンは、突然、目の前に突き出されたカタログを、まじまじと見ながら答えた。

「ふぁー、よく寝た…ああ、これは……そうだ、4年前に老舗《しにせ》の料理教室をライフ商事が買収したんだよ。その時は、400人ぐらいの料理好きの主婦が登録していたけど、その後、受講生の数が伸び悩んでいて、今は200人ぐらいなんじゃないかな。でも、この教室の利益はトントンってところで、赤字にはなっていないぞ。それに、受講生の料理好きの主婦が、インターネットで、うちの会社の商品を時々紹介してくれたりするから、売上にも貢献しているはずだ」

「これ、いい企画ですよ！　この教室に通っている料理好きの主婦から、キッチン用品の売れ筋の商品の情報をもらうんです」

滝川のアイデアに、黒河が「それ、面白そうですね！」と声をあげた。

「料理教室か……いいアイデアかも」

オランウータンも滝川の意見に同意すると、早速、質問を繰り出してきた。

「具体的には、どういう方法で、料理好きの主婦からの情報を活かしていくんだ？」

「当たり前のことをやっても、ダメだと思うんです。アンケートを取ったり、料理好きの主婦たちの声を聞いたりして、それをそのまま商品に反映させるだけでは意味がありません。料理好きの主婦たちの意見に、さらに自分たちのアイデアを組み合わせて、実用的な商品を企画していくんです。きっと料理好きな主婦は、便利なキッチン用品を買いたいはずですから、使いやすい機能を追求した――」

滝川が調子よく話をしているところに、黒河が「ちょっと待ってください」と言葉を遮ってきた。

「さっきから『料理好きの主婦たち』っていう言葉が飛び交っていますが……それって、本当に正しいんですかね」

「は？」と滝川が間の抜けた声を出した。

「男性が思っているほど、主婦は料理が好きではないと思いますよ」

オランウータンも滝川も、黒河の言っている意味が分からなかった。

「ちょっと待ってくれよ。主婦で料理教室に通っているんだから、『料理好き』に決まっているだろ？」

その言葉に、黒河は「そうかなぁ」と首を傾《かし》げた。

「極論ですが、私、料理好きの主婦なんて、この世の中にほとんどいないと思うんです。たぶん、主婦にとって、料理という仕事は、その仕度《したく》と後片付けも含めて、〝苦痛〟なんじゃないかなと」

滝川は「そんなバカな！」と叫んだ。

「じゃあ、なんで苦痛なのに料理教室に来てまで、主婦は料理を習うんだよ」

「たぶん――友達と会えるからです」

黒河は、ゆっくりとした口調で話し始めた。

「私も料理教室に通って初めて気がついたんですが、彼女たちは料理を作ることを楽しみに来ているんじゃないんです。作った料理を、あとで友達と一緒に楽しく食べることが目的で料理教室に通っているんです。そして、家に帰ると、旦那《だんな》と子どものために、せっせと面倒な『食事を作る』という仕事をこなすんです」

滝川はその言葉に軽いショックを受けた。しかし、同時に、黒河の言っていることは間違っていないとも感じた。料理は主婦にとって労働以外の何ものなのでもないのだ。最初は料理も楽しいイベントのひとつであったのに、それが日常の〝仕事〟に組み込まれると、次第に、苦痛なものに変わってしまうのかもしれない。

黒河は、少し重い口調で話を続けた。

「結婚している友達と、たまに食事に行ったりするんです。そしたら、彼女たちの話題は、家庭の愚痴《ぐち》ばっかりですよ。昔は料理が大好きだった友達でも、主婦になったら、掃除や洗濯と一緒で、毎日、料理の献立を考えて作るのが仕事になり、嫌で嫌で仕方がない、という話ばかり聞きますよ」

オランウータンが、神妙な顔つきでため息をついた。

「そっかぁ。主婦にとって料理は仕事か。それは男性にはまったく理解できないことだな」

「もちろん、中には本当に料理が好きな人もいるかもしれません。でも、毎日の料理が楽しいって感じている主婦は、おそらく少数派ではないでしょうか」

滝川は「料理を作ることは、本当は好きじゃない……か」と小声でつぶやいた。そして、もう一度、カタログに目を落とした。その瞬間、頭の中にパッと閃光《せんこう》が走った。すぐに黒河の前にいき、真剣な表情で問いかけた。

「じゃあ逆に、料理が少しでも楽しくなるようなキッチン用品だったら、状況は変わってくるってことじゃないかな」

その言葉に、黒河は少しだけ頰《ほお》を緩《ゆる》めた。

「そうですね。もしかしたら、『かわいいキッチン用品』が、周りに置かれていたら、モチベーションも上がって、料理も少し楽しくなるでしょうね。それに、友達が遊びに来た時に、『あら、かわいいキッチン用品ね』って言われたら、ちょっと優越感がありますよ」

それを聞いて、滝川は嬉しそうな表情で、指をパチンと鳴らした。

「よし、それならば、『主婦にも、かわいいキッチン用品を！』というポジショニングで、差別化を図《はか》ろう」

その言葉に黒河は、「でも――」と言って言葉を挟んだ。

「それだったら、『主婦』って言葉は止めたほうがいいかもしれません。主婦は、自分たちのことを〝主婦〟と決めつけられたくはないようですから」

「なるほど、それならば、『料理を作るなら、機能より、かわいさで！』というポジショニングのほうがよさそうだな」

「あっ、それ、いいですね」

黒河も嬉しそうに笑《え》みを浮かべた。その横で、オランウータンも納得した表情で大きく頷くと、独り言のような静かな口調で話しかけてきた。

「ポジショニングというのは、お客から見た〝違い〟ってことなんだ」

「その通りです。工場との連携という組織力が内部の〝違い〟だとすれば、お客から見える商品のポジショニングは外部の〝違い〟なんです」

「そうだとすると、ひとつ質問があるんだが――」

オランウータンは難しそうな表情で、滝川の顔を見た。

「外部の〝違い〟と内部の〝違い〟、俺たちは、どちらのほうを大切にすべきなんだ？」

滝川は、ゆっくりとその質問に頷きながら言った。

「それは業種やその会社の市場でのシェアによっても変わってきます。ただ覚えておいて欲しいことは、ポジショニングは、外から見えるのでマネされやすいですが、次のアイデアさえあれば、すぐに方向転換できて、修正しやすいのです。一方、組織力は、外から見えないのでマネされにくいですが、作るまでには時間も労力もかかり、会社がそれを変更しようとする時も大変だということです」

滝川はオランウータンの納得する顔を見つめながら、さらに言葉を続けた。

「これから、『かわいいキッチン用品』が売れ筋の商品になれば、マネをしてくる競合会社は必ず出てきます。実際に、今までも、商品をマネされてきたからこそ、ライフ商事は赤字になってしまったんですよね。でも、だからこそ、いつでもアイデアを出し続けて、ポジショニングを、変えていく必要があるんです。一方、工場との連携という組織力は、競合会社には分かりません。だから、こちらは一度確立できれば、マネされにくいと言えますが、タイの工場に理解してもらうのは、時間もかかって簡単な作業ではないはずです」

オランウータンは「確かにな」と言って、目を細めた。

「タイの工場で働いている現地の社員の意識から変えていかなくちゃいけないから、時間もかかるし、俺も何度も現地に行くことになりそうだな」

「それに、キッチン用品事業部の売上を上げる方法は、これだけじゃありませんよ」

滝川はそう言うと、新たなマーケティングの話を付け加えた。

「キッチン用品は、不動産やクルマと比べれば、買い換えまでの期間が非常に短い商品です。ところが、今のライフ商事の売り方は、小売店に商品を卸すだけで、キッチン用品を買い換えるお客との接点がないために、売れる機会を逃している状況です。そこで、商品の中に登録カードを入れて、インターネットやハガキでお客に会員登録してもらうようにするんです」

「なるほど、会員登録してもらえば、お客を囲い込むことができるからな」

オランウータンが前のめりで滝川の話に食いついてきた。

「定期的に料理コンテストやキッチン用品の『かわいいアイデア』のコンテストを開催すれば、お客とのコミュニケーションも取れるようになります。『かわいいキッチン用品』というテーマを盛り上げることができれば、直接、インターネットからも売れていくはずです。それが将来、お客をライフ商事のキッチン用品のファンにさせることに繋がっていくんです」

横で話を聞いていた黒河が「これで完璧ですね」と、嬉しそうに言った。オランウータンも「失敗しないように、頑張らなければな」と言って拳《こぶし》に力を入れた。

しかし、滝川は、まったく表情を変えず、「いや、失敗してもいいんです」と2人とはまったく逆の言葉を返した。

「ここまでは、現状を打破するためのマーケティングの戦略を考えてきました。ただ、キッチン用品が全て当たるわけではないように、これらの戦略だって、全て上手くいくわけではありません」

「そうかもしれんが、成功するって思わなければ、何もできないぞ」

オランウータンが反論すると、滝川は嬉しそうに笑みを浮かべながら、話を続けた。

「さっきまでの部長は、『新しい戦略を立てて、新しいことをやっても、失敗しそうだから、何もしない』と言って、一歩も前に進んでいませんでした。でも今は、新しいことをやって、成功させてやるんだって、すごく前向きな気持ちになっていることは、本当に素晴らしいことだと思います。でも、やっぱりビジネスに失敗はつきものなんです。その時に、もう一度、マーケティングの戦略を見直し、ポジショニングも組織も作り替えるという勇気を持って、前に進むことが、大切なんです」

オランウータンは腕を組んで、目をつぶって話を聞いていた。

そして、目を開けると「うほほっうほほっ」と大声で叫び、ソファから飛び上がって、長い腕を天井の配管にかけた。宙ぶらりんの状態で滝川と黒河を見下ろすと、「うぉおおおお！　やる気が湧《わ》いてきたぞぉ！」と言って、再び床に着地した。そして、滝川に駆け寄ると、ニヤリと笑って真正面に顔を持ってきた。

先に言葉を発したのはオランウータンだった。

「動物占いで、俺は〝犬〟だった」

唐突な切り出しに、滝川は面食らって言葉が出てこなかった。

「犬の性格を覚えているか？」

オランウータンの問いかけに、滝川は自分の記憶をたどった。

「確か……洞察力があって、隠し事を見抜く、でした」

オランウータンは「その通りだ」と言って、再びニヤリと笑って、さらに滝川に顔を近づけてきた。

「お前、この世界の人間じゃないな」

滝川の心臓が大きく跳《は》ね上がった。表情が変わったことを見逃さなかったオランウータンは、鼻をクンクンとさせながら、滝川の周りをクルクルと回り始めた。

「人間にしては、マーケティングの知識が素晴らしすぎる――いや、もしかしたら、猿の能力すら超えているかもしれない」

滝川は、横目で黒河を見た。黒河は少し離れたところで、不安そうな表情で事の成り行きを見守っていた。

「お前、どこから来た？　正直に言ってみろ」

もう言い逃れはできそうもない。滝川は全てを話すことに決めた。

「自分でもよく分かりません。ただ……この世界ではない、別の世界からやってきたことだけは確かです」

「別の世界？」

オランウータンの動きが、ピタリと止まった。

「私のいた社会は、全てを人間が支配していました。猿は〝動物〟であり、私たちの日常生活においては、深い関《かか》わりのある生き物ではありませんでした。しかし――この世界はまったく違う。猿の能力が高く、経済の世界では、完全に人間が猿の支配下に置かれている」

滝川はそう言うと、自分の今までの不安な思いを吐き出すように、オランウータンに向かって声を発した。

「教えてください。なぜ、この世界では猿の能力が高く、人間の能力が劣っているんでしょうか？」

オランウータンは短い沈黙の時間を作ったあと、ゆっくりと口を開いた。

「人間は、猿に比べて、お互いを信頼し合っていないからだ」

「信頼し合っていない?」

オランウータンはゆっくりと頷いた。

「人間は、仕事で壁にぶち当たると、すぐに逃げ出す。それは、転職すれば、もっといい仕事があるのではないかと妄想《もうそう》するからだ。だが、新しい会社でも、仕事は同じなんだから、壁にぶち当たるのは、当然だ。それでまた辞めていく。これは、人間同士が信頼して協力し合っていないから起こることなんだ。他の会社にいけば、自分はもっと良いポジション、つまり地位や仕事を与えられるんじゃないかって……ウフォ、俺たち猿から見れば、『バカじゃないのか』としか思えん行動だ」

「じゃ、人間のように、猿は転職をしたりしないんですか?」

オランウータンは「そうだ」と語気を強めて答えた。

「猿は転職したり、会社を辞めたりはしない。なぜならば、猿は結束力が強く、〝群れ〟を成して生活しているからだ。人間の組織力とは比べものにならないぐらい、お互いを信頼し合っている。だから転職をして、自分の仲間やボスを裏切るようなマネは絶対にしないんだ。まぁ、そもそもそんな猿が逃げるように、他の群れにいっても、今よりも良いポジションを与えられることは絶対にないって、全ての猿が分かっていることだけどな」

「それが、人間に勝《まさ》っている猿の強みだとは思えませんが――」

滝川の反論に、オランウータンは言葉をかぶせてきた。

「お互いに信頼もできず、すぐに逃げ出す人間の能力が高いとでも思っているのか？　妄想の中で転職を繰り返して、もっと良いポジションを探し続け、結果的に努力もせず、何もできない老人が一人できあがるだけだろ」

オランウータンは声のトーンを少し抑えながら、さらに言葉を続けた。

「だがな――他の猿は分からんが、少なくとも俺は人間たちをバカにしているわけじゃない。世の中は、勝つやつばかりじゃない。負けるやつがいるから、勝てるやつが出てくるんだ。しかも、経済の世界では、負けるやつのほうが、勝つやつよりも圧倒的に数が多い。だから信頼し合わず、逃げてばかりで、能力が高くならない人間を見ていると、『こんな俺でも、なんとか勝てる』と、少し安心していられるんだ。これがもし、猿だけの世界だったら、俺は完全に落ちこぼれだった」

その言葉を聞いて、滝川はたとえようのない恐怖感を覚えた。

「つまり――仕事ができないダメな人間は、猿たちにとっての気休めだってことですか？」

「ハッキリ言って、そういうことだ。人間がいてよかったって、心底、思っているよ」

オランウータンは、硬い表情のまま頷いた。

「これは、誰かが意図して作った社会構造なんでしょうか？」

その質問に、オランウータンは目をつぶって答えようとはしなかった。

「――ワシントンショックの時に、何かあったんじゃないですか？」

滝川の再びの問いかけに、オランウータンは目を大きく見開いた。

「お前、何か、知っているのか？」

オランウータンは、明らかに動揺した声を発した。

「いえ、何も知りません。ただ……調べているうちに、ワシントンショックに、この社会の秘密が隠されているのではないかと予想はしています」

「やっぱり……お前は、この世界の人間じゃなかったんだな。勘が鋭すぎる」

オランウータンはそう言うと、「これは、ある猿から聞いた話だ」と前置きをして、ゆっくりと口を開いた。

「１９９９年、お前の言う通り、世界中はワシントンショックによって、未曽有の世界恐慌に突入した。そして、ある日突然、猿が経済の世界で台頭《たいとう》してきて、人間たちが、主要な経済界のポジションから追い出されるようになってしまった」

「でも、そんな記録はどこにも――」

「抹消《まっしょう》したんだ」

オランウータンは、黒河の顔を見た。黒河は険《けわ》しい表情で、黙って話を聞き続けていた。

「ここまできたら、最後まで話すしかなさそうだ――」

オランウータンはそう言うと、堰《せき》を切ったように話し始めた。

「ワシントンショックを境にして、人間の経済の能力が落ちて、経済の世界では、猿が主導権を握るようになった。そして、それと同時に、人間たちの記憶力も低下していったんだ」

「記憶力が、低下？」

「その理由は、俺にもよく分からん。ただ、人間たちは経済の能力だけではなく、記憶力も低下してしまったんだ。それをいいことに俺たち猿は、今までの歴史を自分たちの都合のいいように差し替えたんだ。歴史上の出来事に猿を登場させて、あたかも人間たちは、猿たちと共に歴史を歩んできたようにした」

「なぜ、そんなことを――」

「全ては、経済界への猿の進出を人間たちに納得させるためだった」

オランウータンは、目を細めた。

「ワシントンショックを境に、猿が台頭してきたことを人間たちに悟《さと》られないためには、どうしても、歴史そのものに手を加える必要があったんだ。そして、記憶力が低下した人間たちの脳に、新しい歴史を刷り込むことは、容易にできた」

「そんな……いくら記憶力が低下したからって、猿に牛耳《ぎゅうじ》られる世界を疑問に思わないなんて」

滝川は重苦しい表情のまま、言葉を詰まらせた。オランウータンが、その横で淡々と話を続ける。

「これは俺の推測だが――おそらく、人間は記憶力が低下しただけではなく、その記憶を掘り起こす意欲も、一緒に失《な》くしたんじゃないかな」

「記憶を掘り起こす意欲？」

「過去に起きたことや、振り返ってもしょうがないことに対して、考えを働かせないような無気力な状態になってしまったんだ」

その言葉に、滝川は腑《ふ》に落ちるところがあった。この世界の人間は、〝深く考えたことがない〟という言葉を頻繁に口にする。

「だから、この世界の人間たちは、猿に支配されていることに、なんら疑問も不満も抱いていないんだ」

「そんな……メチャクチャな！」

滝川が感情をむき出しにして大声で叫んだ。しかし、それとは正反対に、オランウータンは落ち着いた口調で「そんなにメチャクチャなことかな？」と滝川に聞き返してきた。

「過去に起きたことや、振り返ってもしょうがないことに目を向けてどうする。時間は取り返せないんだ。それだったら、前を向いて生きたほうがいい」

「しかし、それによって人間は過去の失敗を検証しなくなります。前向きに生きていたとしても、仕事に対する能力は下がる一方ですよ」

「それで、いいんだよ。誰も不幸になったなんて思っていない――。いや、むしろ逆だろ」

オランウータンは穏やかな口調で言葉を返した。

「重要な意思決定は俺たち、猿がやればいい。人間は指示されたことだけをやっていればいいんだ。そうすれば、仕事にやりがいを求めなくなるから、高いモチベーションを持つ必要もない。ビジネスを成功させるプレッシャーからも解放されて、気持ちも穏やかになって、平和な日々を過ごせるはずだ。つまり、人間は、俺たち猿に支配されることで、幸せになったんだ」

滝川は返す言葉が見当たらなかった。確かに、この世界の人間たちはみんな、穏やかである。「自分は仕事ができない」ということも自覚しているので、仕事を頑張ろうという気力も持っていない。これはビジネスマンとして失格とも思える姿勢ではあったが、反面、そのようなプレッシャーから解放されることは、仕事に対する悩みがない人生を送れるということでもあった。

滝川は、頭の中でオランウータンの言葉を整理すると、「もうひとつ、肝心《かんじん》なことを聞かせてください」と言って、さらに質問を繰り出した。

「ワシントンショックによる世界恐慌が起きて、なぜ、猿が台頭したんですか？　なぜ猿に従属することを受け入れるほど、人間の経済の能力と記憶力が下がったのですか？」

矢継《やつ》ぎ早《ばや》の質問に、オランウータンは首を横に振った。

「そこまでは、私も教えてもらっていない」

「教えてもらう？」

「……俺はこの話を、まだ若い頃に、役職の高い猿に教えてもらったんだ。もし、その役職の高い猿にキミが会うことができれば、もっと詳しい話が聞けるかもしれんな」

オランウータンはそう言うと、再び飛び上がって天井の配管にぶら下がった。そして、天井伝いに、そのまま入り口に向かい、ドアを蹴《け》り飛ばして、絶叫しながら、部屋から出ていってしまった。

そのうしろ姿を、滝川と黒河は、呆然《ぼうぜん》と立ちすくんで見ているしか術《すべ》はなかった。

第4章

新しい市場を自分たちで作る

——競争のない次の市場を探し、
意図的に拡大させる

GENERAL MANAGER OF THE APES

「こんなところにいたんですか」

振り向くと、そこには黒河《くろかわ》の姿があった。

「海を眺《なが》めながら、一人でオニギリを食べるなんて、失業した人みたいじゃないですか」

その問いかけに、滝川《たきがわ》は「天気がいいんでね」と言って、堤防に座りながら、再び手元に持っていたコンビニのオニギリにかじりついた。

「さっき、オランウータンの部長から連絡がありましたよ」

その言葉に驚いて、滝川はオニギリを喉《のど》に詰まらせた。横で黒河が「大丈夫ですか」と言って背中をさする。

「ゴホッ、ゴホッ、ウフォ。大丈夫、大丈夫」

滝川は慌《あわ》てながらペットボトルのお茶を飲むと、「で、何だって?」と黒河に聞き返した。

「『かわいいキッチン用品』というコンセプトで発売した、包丁《ほうちょう》や鍋《なべ》、コップのシリーズが大ヒットしているそうです。当初予定していた年間販売量を発売1ヶ月で達成して、今、タイの工場がフル稼働中です」

「それは、キミがアドバイスしてくれたポジショニングのおかげだよ」

黒河は「いえ、私はただ、あの時は思ったことを――」と言って、そのまま視線を逸《そ》らした。そして、咳払《せきばら》いを１回すると、機嫌が良さそうな口調で報告を続けた。

「あのあと、やる気のなかった部長が何度もタイの工場に行って、現地での検品作業まで、かなり細かく指示を出しているようです」

「あの部長、ポジショニングよりも、組織を作り上げるほうが大変だってことを、ちゃんと分かったんだな」

滝川はニヤリと笑った。

「で、このペースでいくと、どのくらいの利益が達成できそうかな」

滝川の問いかけに、黒河は手元のメモ帳を見ながら、「２億円の利益は確実かと」と嬉《うれ》しそうに答えた。そして、間髪《かんはつ》をいれずに、「部長から、伝言も預かっていますよ」と言って、しっかりとした口調で伝言を読み上げ始めた。

「『お前の素性《すじょう》は、秘密にしておく――』とのことです」

その伝言を聞いて、滝川は、ふーっと大きな息を吐いた。

「あれだけ、本人もベラベラとしゃべってしまったんだから、逆に俺《おれ》のことも言えないだろうな」

滝川は、ペットボトルのお茶を再び口にした。

「例のこと、ちょっと聞いてもいいですか？」

黒河が、神妙な面持《おもも》ちで尋ねてきた。彼女とは、あの日以来、この世界の事情に関して、一切話をすることはなかった。しかし、あれから2ヶ月が経《た》ち、キッチン用品事業部の利益も明るい見通しがついてきたこの段階で、ケジメの意味もあって、黒河のほうから話を切り出してきた。

「滝川さんって……本当に別の世界からやってきた人なんですか？」

その質問に、滝川は短く「あぁ」と答えた。

「俺は、キミたちと違って猿が部長であることを不思議に思ってしまう。だから絶対に、この世界の人間じゃない」

「それなら、そのぉ……どうやって、この世界にやってきたんですか？」

「よく分からないが――」

滝川は、東京湾を指差した。

「伊豆《いず》大島の近海に『猿ヶ島』という小さな無人島があるんだ。どうやら、その祭礼を見ているうちに、時空の歪《ゆが》みにはまって、この世界に迷い込んでしまったらしい」

黒河は「あぁ！」と叫んで、口元に手をやった。

「初出社の前ですね。島の砂浜で倒れていたとか……」

「だから、あの島に行けば、もう一度、元の世界に戻れると思って、伊豆大島から漁船をチャーターして猿ヶ島に行ってみた。でも、その島に行っても、何も起きやしない。おそらく――」

滝川は唇《くちびる》を嚙《か》み締めた。

「あの祭壇の近くにあった石棺《せっかん》に、何かあると俺は睨《にら》んでいる」

「石棺？」

「人が1人入れるぐらいの小さな石棺があるんだ。俺はそこに身を潜《ひそ》めて猿ヶ島の祭礼を見ているうちに、この世界に迷い込んでしまったんだ」

「じゃあ、またその石棺の中に入れば……」

滝川は目を閉じながら、首を横に振った。

「鎖《くさり》で蓋《ふた》が閉じられていて開けることができない。たぶん、次の祭礼まで、あの蓋は開けられないんだろう」

滝川はそう言うと、目を細めて、じっと穏やかに波打つ東京湾を見つめた。

「もうひとつ、ちょっとキツイ質問していいですか？」

黒河がしおらしい声で、滝川に話を振った。

「やっぱり、滝川さん、元の世界に帰りたいんですか?」

滝川は素直に自分の気持ちを口にした。

「そりゃあ帰りたいさ。ただ、こっちの世界でも、俺の元いた世界と生活環境はほとんど変わらない。身の周りで困ることは何もないし、生活のルールや常識もほとんど同じだ。ただひとつだけ違うことは――『部長以上が猿』という、この現実だけだ」

滝川は、オランウータンの言葉を思い出した。ワシントンショックの日を境に、人間と猿の立場が入れ替わり、猿たちが経済界を手中に収めるようになった。そして、歴史をすり替えることで、猿がお金の流れを牛耳《ぎゅうじ》る現状を、人間たちに納得させるようにした。

一体、ワシントンショックの時に、何が起きたのか。

「――私」

滝川が考え事をしているところに、黒河の言葉が入り込んできた。

「滝川さんとの仕事が終わったら、会社、辞めようと思っているんです」

その言葉に、滝川は口に含んでいたオニギリを吹き出しそうになった。大きな声で「なぜ辞めるんだよ！」と問いただすと、黒河は「えへへっ」と恥ずかしそうに笑って話し始めた。

「この前、オランウータンの部長が教えてくれた話、あったじゃないですか。あれがもし本当なら、もしかしたら、人間にも、ビジネスを成功させる能力が眠っているかもしれないってことになりますよね」

「もちろん、その通りだよ。本来、この世界の人間にもビジネスを成功させる能力があったわけだからな」

滝川は、黒河の話に相槌《あいづち》を打った。

「この8ヶ月間、滝川さんのそばでマーケティングについて、いろいろ勉強させてもらっているうちに、ビジネスって面白いんだなぁって思ったんです。でも、私はずっと、猿だけが経済に詳しくて、人間にはそういう能力が備わっていないと思っていたから、ビジネスの世界で成功することを諦《あきら》めていたんです。だけど、もし、この社会構造が全部、猿たちが仕組んだことで、経済の能力が人間の頭の中で眠っているだけだったら、それはもったいないことだと思ったんです。だから――」

黒河は興奮した口調で言葉を繋《つな》いだ。

「私、会社を辞めて、起業しようと思うんです」

滝川は、胸のあたりが急に熱くなった。この歪《いびつ》な世界で、一人の人間の起業スピリッツを奮い立たせたことは、大きな前進と言ってもいい。

「私、ちょっと頭、オカシイですね」

黒河は少し照れ笑いしながら、言葉を繋いだ。

「滝川さん、この間、ビジネスでは失敗してもいいんだって言ってましたよね」

「ああ、そう言ったよ。ビジネスだけではなく、人生では失敗して、後悔することのほうが多い。だからこそ、その失敗から学ぶことができれば、成功への道は開ける」

「私も失敗を恐れて、最初から諦めるのは、もう止《や》めようかなって……」

黒河は、海風にそよぐ前髪をゆっくりと右手で掻《か》き上げた。

「私、小さい頃から、ずっと『社長』っていう仕事に憧《あこが》れていたんです。会社で一番偉くて、たくさんの社員を従えて、なんでも自分で決められて、稼いだお金は、全部、自分のもので――でも、高校生の時、学校の先生から、『人間は、小さな会社の社長までで、部長がいるような大きな会社の社長には、猿しかなれない』と教えてもらったんです。人間には会社を経営する能力も、組織を統率する力もない。だから、社長になるなんて夢は捨てろって」

滝川はその話を聞いて、黒河が他の人間たちに比べて、仕事に対する向上心が高い理由がようやく飲み込めた。彼女は小さい頃から仕事に対する興味が人一倍強く、その思いを持ったまま成長したために、経済の能力が、他の人間と比べると高く保てたのだ。そして、その能力を買われて、人間でありながら、猿の会社で社長秘書という仕事に抜擢《ばってき》されているのだ。

しかし、この社会構造では、いくら仕事に対する能力が高くても、人間は出世することができない。それが、この世界で決められた、ポジションを奪われた人間に対するルールだからだ。

「だから……だから私、社長になる夢は諦めて、社長のそばでビジネスのお手伝いができる秘書の仕事を選んだんです。でも、実際には、社長のスケジュール管理だったり、資料集めだったり、まったくビジネスの本質とは関係のない仕事ばかり。やっぱり、人間にはビジネスの意思決定なんてすることができないのかなぁと思っていたところで、滝川さんと出会ったんです」

「そうなると、これは運命的な出会いってやつだな」

滝川がいつものように冗談を挟んだ。しかし、黒河は「そうかもしれませんね」と言って、クスッとかわいらしく笑ってみせた。

「おいおい、やけに今日は素直だな」

「えっ？　どういうことですか？」

「ほら、いつもだったら、『昭和っぽい口説《くど》き方だ』とか『ホストみたいなこと言うな』とか、攻め立ててくるじゃないか」

黒河は「そうでしたっけ？」ととぼけると、再び表情を引き締めて、滝川のことを見つめて話し始めた。

「滝川さんのいた世界では、女性もたくさん起業しているんでしょ。私のような人間の女性で、大きな会社の社長になっている人だって、たくさんいるんですよね？」

あまりにも当たり前すぎる質問に、滝川は声を詰まらせた。この世界では、男女を問わず、人間は社長になることができない。滝川は、黒河のことを少しだけ気の毒に思いながらも、できるだけ明るい口調で言葉を返した。

「たくさんいるよ。人材派遣会社やＩＴ関係、ホテルや証券会社にも、女性の社長はいっぱいいる。男性よりもバランス感覚に優れていて、特に女性向けの商品やサービスのマーケティングの能力が高い女性は、俺のいた社会ではとても重宝《ちょうほう》されているんだよ」

「ホントですか！」

黒河が目を輝かせた。滝川はコクリと頷《うなず》く。

「黒河さんなら、必ず俺がいた世界に行けば成功するよ。俺が保証する」

「えーっ、それなら、私、今すぐにでも行きたいです！　滝川さんのいた世界に一緒に行ってみたい」

その言葉に、滝川は難しそうな顔をして、うーん、と唸《うな》った。

「そりゃ、連れて行ってあげたいけどさぁ……ちょっと難しいかな」

「なんで、ですか？」

「さっきも言ったけど、この世界にやってきた入り口は、どうやら、その猿ヶ島にある石棺だと思うんだよ」

滝川は表情を硬くした。

「じゃあ、私もその石棺の中に入れてくださいよ」

「ダメなんだ。どう考えても、その石棺には人間が1人入るぐらいのスペースしかない」

「私、それまでに痩《や》せますから！」

「痩せて入れるとか、そういうレベルじゃないんだよ。その石棺の中には、本当に人間が1人しか入れないんだ」

黒河はその言葉を聞いて、頰《ほお》を膨《ふく》らませた。滝川は、申し訳ない気持ちもあったので、優しい言葉で話し始めた。

「まだその石棺が、この世界との入り口になっているかどうかも分からない。だから、今はなんとも言えないよ。それに——もしかしたら、今度行った時には、その石棺の入り口が広くなっていて、もう1人ぐらい、俺のいた世界に連れて行けるかもしれないしね」

その言葉を聞いて、黒河の表情が明るくなった。それを見て堤防に座っていた滝川は、ズボンについたゴミを払いのけながら立ち上がった。

「滝川さん、頑張って、元の世界に帰りましょう！」

その力強い言葉には、年下ながら安心感や包容力があった。この歪んだ世界で、自分のことを本気で心配してくれる黒河に対して、滝川は少しだけ心が温かくなった。

「あっ、そろそろ時間ですよ」

黒河が腕時計に視線を落とす。

「午後からは、4番目のコンサルティング先の寝具事業部です」

「どんな部長だ？」

「すごく博識で、社内でも評判の高い部長です。経営学の勉強が好きで、大学院にまで進学したらしいですよ。今の事業部で利益さえしっかり出せれば、最年少で副社長に昇格するだろうと言われています」

「博識なのに利益が出ていない……手ごわそうだな」

滝川はそうつぶやくと、もう一度、目の前に広がる東京湾に目線を送った。

業界2位の会社が取るべき戦略とは

4番目に滝川が向かったのは、ライフ商事の寝具事業部だった。25年前、千葉県八街《やちまた》市に工場を設立して、そこで製造した商品を直営店で販売してきた。そのあと、競合会社が工場を外国に移す中、ずっと Made in Japan のブランドとして、国内でマットレスを製造し続けてきたのだ。それが功を奏《そう》し、優良顧客からの支持を受けて、マットレスという業界に限れば、10年前までは国内で2位のシェアをキープしていた。しかし、その後は外国企業の参入もあり、価格競争が激化して、売上は大幅に低下。なんとかシェアの比率は保っているものの、昨年の寝具事業部の利益は、ほとんどゼロになっていた。

会議室に入ってきた部長は〝キツネザル〟だった。とんがった鼻と長い尾っぽだけを見ると、猿ではなくキツネに見える。しかし、二本足で横向きにピョンピョンと歩く姿を見ると、やはりそれは猿の姿そのものだった。

「キミが滝川君で、隣にいるのが黒河さんかい？」

品定めするように、二人の顔を覗《のぞ》き込んできた。

「今日は、よろしくお願いします」

二人が挨拶《あいさつ》すると、キツネザルは「フン」と鼻を鳴らして、じろじろと二人を睨み始めた。

「なんか、そっちだけ秘書を連れて参加するのは気に食わないなぁ。僕も秘書を連れて会議に参加していいかい」

滝川は、くだらないことで対抗意識を持つ猿だと思いつつも「どうぞ」と言って、キツネザルの言葉に頷いた。すると、キツネザルは内線電話をとって、「秘書を呼んできてくれたまえ」と言って電話を切った。

3分後、会議室の扉《とびら》が開いた。そこには、3匹のキツネザルが立っていた。

しかも、1匹目は両手で目を隠し、2匹目は耳を両手で塞《ふさ》ぎ、3匹目は両手で口を押さえている。

「紹介しよう。〝見ザル〟〝聞かザル〟〝言わザル〟だ」

キツネザルは自信ありげに「秘書三兄弟とでも呼んでくれたまえ」と言って、椅子《いす》にふんぞり返った。そして、3匹に向かって「さ、挨拶しなさい」と指示を出した。

しかし、〝見ザル〟は目を隠しているせいか方向がよく分かっておらず、壁に向かって「こんにちは」と挨拶を始めた。真ん中の〝聞かザル〟は耳を塞いでいるのでキツネザルの指示が聞こえず、澄《す》ました顔で座っている。最後の〝言わザル〟にいたっては、一生懸命挨拶をしているが、口を押さえているので声が出ていない。

「さて、キミの秘書と、僕の秘書、どっちが優れているかな?」

キツネザルはニヤリと笑って滝川のほうを見た。滝川は、こんなポンコツな秘書を3匹も連れてきて、なぜ、キツネザルがそんなドヤ顔でいられるのか、さっぱり分からなかった。

「部長、なぜ、秘書三兄弟のみなさんは、手で目や耳や口を押さえているんですか？」

黒河の質問にキツネザルは「ほら……なんかありがたい感じがするだろ、日《にっ》光東照宮《こうとうしょうぐう》みたいで」と軽い口調で答えた。確かに栃木《とちぎ》県にある日光東照宮の〝見ザル、言わザル、聞かザル〟の周りには、たくさんの観光客が集まって写真を撮ったり拝《おが》んだりしている。しかし、両手で目や耳や口を塞いだら、業務そのものに差し支えがあるのではないかと滝川は思った。

　突然、慌てた口調で〝聞かザル〟が言葉を挟んできた。

「部長！　今、何を、話しているんすか！」

　それに反応して、〝見ザル〟が、「えっ、何？　なんか面白いこと始まったの？」と壁に向かって大声を発し始めた。その横で、〝言わザル〟が「んー、んー」と、口を押さえながらもがいている。

　滝川が三兄弟に「手を取ればいいじゃん」と呆《あき》れながら声をかけた。すると、3匹は同時に首を横に振って「俺たちのルールっすから」と言って、再びじっと横並びで部長のキツネザルのそばにしゃがみ込んだ。

　滝川は、世の中には要領の悪い猿もいるものだと改めて思った。そして「これは無視したほうがいいな」と考え、部長のキツネザルのほうを向いて本題を切り出すことにした。

「現在の寝具事業部の状況を教えてくれますか」

キツネザルは神経質そうな目でジロリと滝川たちを睨みつけると、自分のマーケティングの理論を語り出した。

「うちの事業部は『ＰＬＣ理論』つまり、製品ライフサイクル理論をもとに、サプライチェーン・マネジメントで在庫を徹底的にゼロにしてコストを削減してきた。マットレスという業界の導入期をいち早く飛び越えてＰＬＣ理論の坂を駆け上がり、お客を増やしてきたんだ。そして成熟期に入った時から、寝具事業部は『フォロワー』の戦略で、安定した地位を築き上げた。さらに、今年は市場でのシェアの拡大を狙《ねら》っているから、僕の予測通りに事業が展開すれば、業界1位になれるかもしれない」

ここまで話したところで、黒河が小声で、滝川の耳元にささやいた。

「滝川さん……部長の話している内容の9割は理解できないんですが」

確かに、キツネザルの話にはマーケティングの専門用語が多すぎる。黒河が不安そうな表情で言葉を続ける。

「私も〝三兄弟〟にならって、横で静かにしていたほうがいいですかね？」

黒河はそう言うと、かわいらしく両手で自分の口を塞いでみせた。

「冗談言うな。分からないことがあったら、ガンガン質問してくれ」

滝川は黒河にハッパをかけた。滝川自身も、キツネザルの話と自分の考えとの間にズレがあると困るので、あえて分からないふりをして、キツネザルに詳しく説明をさせて、情報の共有を図《はか》ることにした。

「ちょっと話を整理させてください」

滝川は立ち上がって、ホワイトボードに図を書き始めた（次ページ図⑪）。

「まず、部長の言うＰＬＣ理論ですが、こんな図でよかったんでしょうか？」

キツネザルは滝川の書いた図を見て「その通りだ」と言って言葉を繋げた。

「ＰＬＣ理論とは、商品には、導入期、成長期、成熟期、衰退期の４つの段階があると仮定することなんだよ」

黒河が興味深そうに、図を指して言葉を返す。

「どんな商品でも、このＰＬＣ理論が当てはまるんですか？」

「いや、市場ができあがる前になくなってしまう商品には、当てはまらない」

「どういう意味ですか？」

黒河の疑問に、キツネザルは得意げに話し始めた。

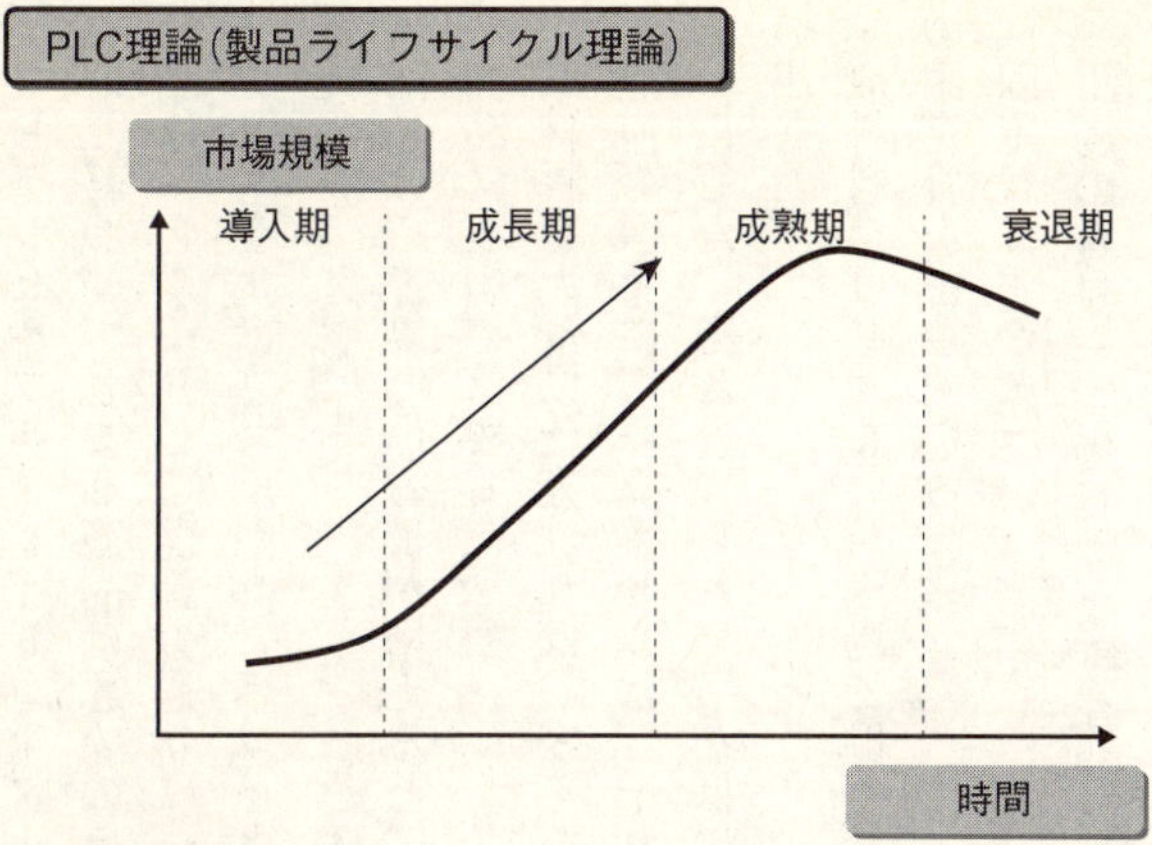
PLC理論（製品ライフサイクル理論）
市場規模
導入期
成長期
成熟期
衰退期
時間

図⑪

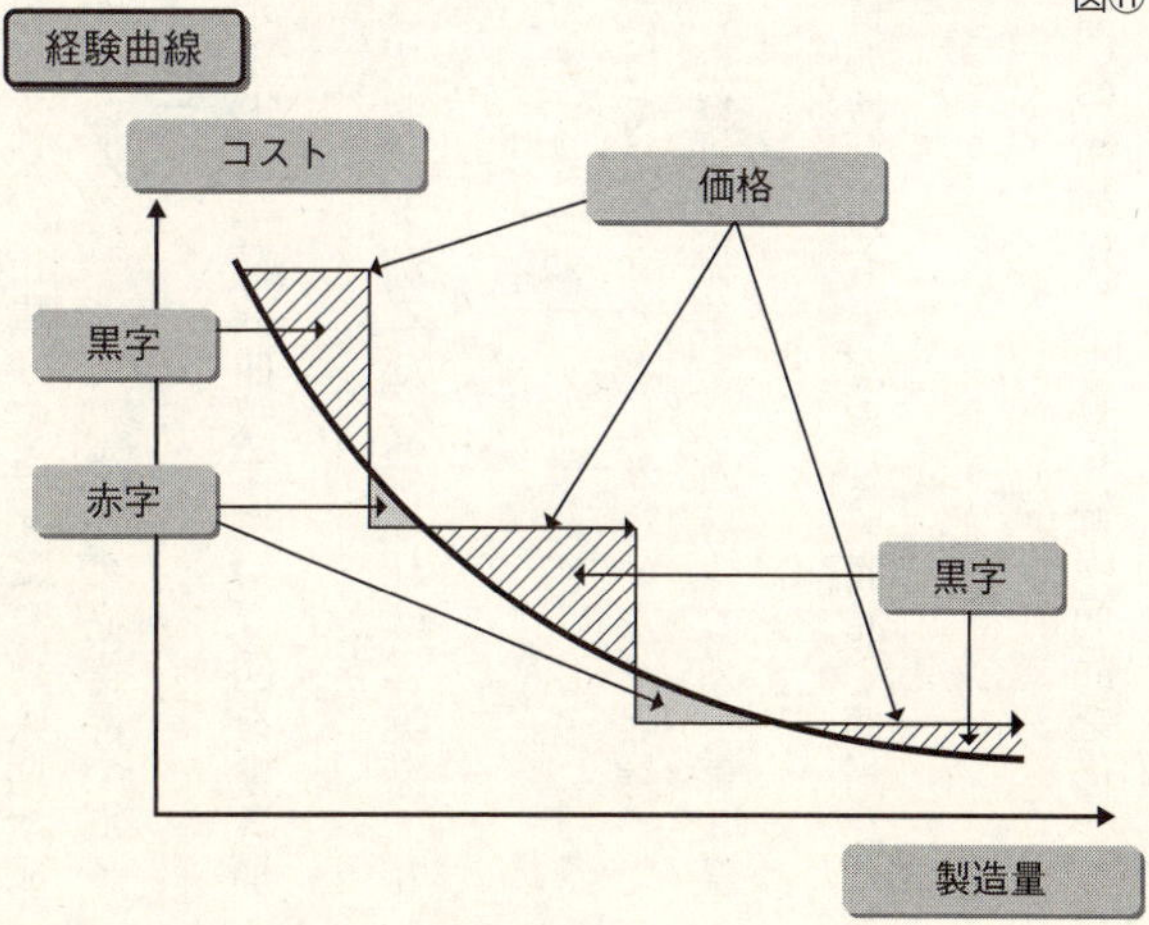
経験曲線
コスト
価格
黒字
赤字
黒字
製造量

図⑫

「3Dテレビやブルーレイレコーダーのように、市場ができずに、導入期や成長期で終わってしまう商品は思いのほか多いんだ。ただ、生活の必需品である商品は、必ず、PLC理論の通りになるね」

キツネザルは立ち上がり、ホワイトボードに「経験曲線」という図を書き加えた（前ページ図⑫）。

「商品は、工場で作る量が増えると、コストが下がるだろ。これは、実際にどの商品にも当てはまる」

「原材料を大量に仕入れれば、安くなりますからね」

黒河の言葉に、キツネザルは「それだけではちょっと足りないな」と言って笑い出した。それにつられて、そばにいた秘書三兄弟も、意味もなく一緒に笑い出した。

「原材料だけじゃない。工場で働く社員の技術力も上がるし、商品1個当たりの固定費も小さくなる」

「固定費ですか？」

「工場の賃料や工場長のような間接部門の給料は、100個の商品を作っても、1000個の商品を作っても、変わらない。とすれば、1000個を作った時のほうが、1個当たりの固定費は下がるだろ」

「すみません……なんか話が会計学っぽいんですけど、その話と、さっき部長が言っていたPLC理論って、どんな関係があるんですか？」

キツネザルは、軽いため息をつくと「まったく、人間は頭が悪いなぁ」と呆れた口調で言った。滝川は「お前の連れてきた秘書のほうが、もっと頭が悪いだろ」と思いつつ、そばにいた秘書三兄弟を見た。〝見ザル〟は目を隠したまま居眠りをしていて、〝聞かザル〟はフンフンと鼻歌を歌い、〝言わザル〟は窓から顔を出して、流れる雲を気持ちよさそうに眺めていた。

滝川の様子は気にも留めず、キツネザルは黒河の質問に対して饒舌《じょうぜつ》に語り始めた。

「経験曲線でコストが下がってきたら、少しぐらい赤字が出てもよいから、価格を大幅に下げてしまうんだ。そうすると、お客の数は一気に増えて、さらに経験曲線でコストを下げることができる。そしたらさらに、価格を大幅に下げることで、経験曲線を滑《すべ》り降りて、お客を獲得することができるんだ。結果、商品の製造量が増えて、お客に認知してもらうことで、同時に市場もできあがることになる」

キツネザルはそう言うと、ニヤリと笑って満足そうに最後の言葉を繋げた。

「この戦略のポイントは、競合会社よりも早く成長期の坂を駆け上がり、市場のシェアを獲得して、商品の製造量を確保してしまうことなんだ。そうすれば、価格が下がっても、売上は伸びて、利益も稼げるんだよ。しかも、すでに価格が十分下がってしまえば、この市場に新しく参入しようとする会社もいなくなる。これは、家電製品を製造している会社なんかが、よく使う戦略だね」

「へぇー、知りませんでした。だから大型の液晶テレビの価格は、あんなに一気に価格が下がっていったんですね。そのことで、みんながブラウン管のテレビから買い換えることができて、液晶テレビの市場は拡大したんですね」

黒河が感心する声をあげた。

「うちの寝具事業部もマットレスという商品で、同じように成熟期まで駆け上がることができたんだよ。そのおかげで、市場でのシェアは2位を獲得することができた。しかも、サプライチェーン・マネジメントで在庫をゼロにすることで、コストを下げる努力を日々行ってもいるんだ」

ここまで話を聞いた滝川は、ライフ商事全体の意見交換や情報共有がしっかりなされていないことに気がついた。キッチン用品事業部の部長だったオランウータンはサプライチェーン・マネジメントにおける在庫管理の意味をまったく知らないために、在庫を積み上げて業績を悪化させていた。しかし、目の前にいるキツネザルは、サプライチェーン・マネジメントをよく理解していて、在庫調整を上手に行おうとしている。この規模の会社で、このような情報共有不足は、致命傷《ちめいしょう》にもなりかねない。結束が固い猿の〝群れ〟といえども、〝報《ほう》・連《れん》・相《そう》〟は甘いようである。

黒河はキツネザルに、さらに質問を続けた。

「すみません。あともうひとつ、分からない単語があったんですが……先ほど、『フォロワー』という言葉を使っていたと思うんですが、これって、何を意味しているんですか？」

キツネザルは、呆れた表情で「おいおい、まるで僕がコンサルティングしているみたいだな」と言って、手元に持っていたファイルの中から1枚の用紙を取り出した（237ページ図⑬）。

「以前、うちの会社の社員研修で使っていた資料だよ。ここに、マーケティングの戦略について詳しく書いてある」

黒河は渡された表を見て「あれ？」と言葉を発した。

「うちの寝具事業部は業界で2位のシェアだったんですよね？　それなら、さっき言ってた『フォロワー』じゃなくて、『チャレンジャー』の戦略を取るべきじゃないんですか？」

その問いかけに、キツネザルは不機嫌そうな顔をして答えた。

「マットレスの市場で売上トップのリーダーの会社が、ずっとコストリーダー戦略というポジショニングでシェアを拡大していたんだよ。ライフ商事は自分のシェアを取られないように、とにかく『フォロワー』の戦略で、追随《ついずい》してコストを削減してきたんだ。それに、マットレスという商品では、他社との差別化は難しいだろ。だから、価格を下げて戦うしかなかったんだ」

「確かに、寝ている間の商品の違いって、分かりにくいですからね。でも、価格競争を仕掛けたのは、まずかったんじゃないんですか？」

黒河の質問に、キツネザルはすぐに反論した。

「やり方は間違っていないはずだ。過去には、この寝具事業部がライフ商事の花形部門だった時代もあったし、その時には、売上も利益も、かなり稼いでいたんだ」

「だけど、それはかなり昔の話で、昨年の寝具事業部の利益はゼロでしたよ

マーケティングの戦略

リーダー	シェアが1位の会社が取るべき戦略で、とにかく、その地位を維持することを目標にする
チャレンジャー	シェアが2位以下の会社が、差別化でシェアを拡大することを目標にする
フォロワー	競合会社へ攻勢を仕掛けて、シェアを拡大することはせずに、リーダーの会社の戦略に同調することで、一定のシェアを維持することを目標にする
ニッチャー	資金力がない小さな会社が、集中化というポジショニングを取ることで、その分野だけで、リーダーになることを目標にする

図⑬

ね」

　その言葉に、キツネザルは声を荒げた。

「キミ、ここにくる前にちゃんとうちの事業部のことを調べたのかい？　3年前に、工場にタイムベース競争戦略を取り入れて、社員の動きをストップウォッチで測り、1分、1秒の無駄な動きを、全《すべ》て省《はぶ》いていったんだ。そのことで、商品を作るスピードが速くなっただけではなく、原材料や機械設備を置く場所も工夫するようになって、4つの工場のうち1つを閉鎖《へいさ》して、3つの工場に集約できることになったんだ。その結果、2年前の大幅な値下げキャンペーンが実現できて、久しぶりにシェアを少しだけ拡大することができた。そこで、昨年はその勢いに乗って、一気に価格を大幅に下げて、ライフ商事がマットレスの市場で1位のシェアを取りにいくことにしたんだ」

キツネザルの話がここまでヒートアップしてくると、滝川も黙って話を聞き続けるわけにもいかなくなった。黒河に代わって今度は滝川が、キツネザルの理論の弱点を突き始めた。

儲かる事業もいつかは成熟期の終わりを迎える

「部長、今の戦略でいくと、価格を下げてしまったために、昨年の利益はゼロになったってことになりますよね。しかも、そんなリスクまで冒《おか》して、1位のシェアを奪取することができたんでしょうか？」

「1位は……ま、まだだよ」

キツネザルの声が急に小さくなった。

「昨年の利益がゼロでしたから、これ以上、価格を下げたら、赤字になります。つまり、次の手を打つことができないので、この段階で1位のシェアが取れていないのなら、この戦略は諦めるべきではないでしょうか。このままでは、今年どころか、これからもずっと黒字にはなりませんよ」

滝川の言葉に、キツネザルは、「それは、大丈夫さ！」と力強く言って、突然、席を立ち上がった。そして、反復横跳びをするように身体《からだ》を横向きにして、会議室の中を走り始めた。秘書三兄弟も、つられてそのあとを一緒になって飛び跳《は》ね始める。そして、滝川と黒河に目線を合わさずに、走りながら妙なハイテンションで話し始めた。

「ここだけの話だぞ。実は3月末に、シェアが1位の会社の工場に忍び込んできたんだよ」

滝川と黒河は「はぁあぁ？」と叫ぶと、2人は口を大きく開きながら、眉間《みけん》に皺《しわ》を寄せた。

「そしたらさ、梱包《こんぽう》の順番や箱の大きさが標準化されていて、それでコストを下げていたことが分かったんだ。だから、先月から同じ方法を、うちの工場で取り入れることにしたんだよ。これでコストがさらに下がるから、まだ価格を下げることができるはずだよ」

「なんで、そんなスパイみたいなことを……」

黒河の言葉に、キツネザルはピタリと動きを止めて、「なぜって、勝つために決まってるだろ」と真顔《まがお》で答えた。

「僕たち、キツネザルは他の猿に比べて身体も小さいし、長い尾っぽを使えば、ぶら下がって、いろいろなところに忍び込むことができる。ライバル会社の工場に忍び込むなんて余裕だよ。その能力を活《い》かすことがなぜ悪い」

キツネザルはそう言うと、「だから人間どもは、いつまで経ってもビジネスができないんだよ」と付け加えて、再び、ぴょんぴょんと会議室の中を走り始めた。滝川はその姿を冷めた目で見つめながら、質問を投げかけた。

「でも、相手のコスト削減のワザを盗み取っても、シェアが1位のリーダーの会社が、さらに赤字覚悟でコストリーダー戦略を仕掛けてきたらどうするんですか?」

キツネザルは、目を吊《つ》り上げて滝川を睨みつけた。

「シェアが1位の会社と2位の会社が価格競争を続けたら、シェアが3位以下の競合会社は全滅するはずだ。結果的に市場を数社で寡占化《かせんか》すれば、売上が伸び、かつシェアも安定して利益が出るだろ」

それを聞いていた滝川は、突然、席を立ち上がった。

「だったら、問題なさそうですね」

滝川はそう言うと、机の上に広げた資料を片付け始めた。

「ビジネスにはモラルが必要です。何をやってもいいってもんじゃない。そんな志の低い部長に、力を貸すことはできません」

滝川は鞄《かばん》の中に資料を詰め込んで「じゃ、失礼します」と言って、会議室から出ていこうとした。キツネザルは走り回るのを止めて、呆然《ぼうぜん》とその成り行きを見守っていた。が、ハッと我に返って、滝川に駆け寄っていった。

「おい、キミ、僕にアドバイスしないのかい？」

「人間は、経済の能力は低いかもしれませんが、あなたたち猿と違って、モラルがあります。ライバルの会社に忍び込んで、勝手にノウハウを盗むなんて、ビジネスマンとして失格だと思いますよ」

「待ってくれ、ちょっと、な、僕の話を聞けよ！」

キツネザルは神経質そうな顔を突き出して、滝川の袖《そで》にしがみついた。さっきまで自信満々だった態度とは、明らかに違っていた。

「競合会社の工場に侵入して、ノウハウを盗み見たことは、確かにやりすぎだった。それは謝る。ホントだよ。実は、キミの言う通り、4ヶ月前からシェアが1位のリーダーの会社がコストリーダー戦略を強化してきて、うちよりも価格をさらに下げてきたんだ。あの価格設定で勝負するとなると、うちの会社が1位のシェアを取っても、利益が出ないどころか、赤字を膨らませることになりそうなんだよ」

キツネザルはそう言うと、ぶるぶると震えて涙をこぼし始めた。そばにいた秘書三兄弟も、なぜか一緒になって泣いている。

「頼む。僕に何かアドバイスをしてくれ。そうしないと……社長にどんな罵声《ばせい》を浴びせられるか」

その姿を見て、滝川は今まで会ってきた猿の部長たちのことを思い出した。彼らは、みな共通して社長を心の底から恐れていた。身体を震わせて涙を流すほど、ライフ商事の社長は絶対的な存在なのだろうか。

黒河が袖を引っ張ってきた。

「反省しているみたいですし、考え直しましょうよ」

黒河は、今までキツネザルの自信満々だった態度が、急に憐《あわれ》みの姿に変わったことで、気の毒に思ってしまったようだった。

「今回は魔が差したということで、許してあげたらどうですか」

「仕方ねぇな」

滝川は自分の頭をポリポリと掻いた。

「よかった。やっぱり滝川さんって優しいんですね」

「女性に頼まれると、『ノー』とは言えない主義でね」

「……そういう台詞《せりふ》、ダサいから止めたほうがいいと思いますよ」

黒河はサラッと嫌みを言うと、さっきまで座っていた会議室の椅子《いす》に向かって歩き出した。滝川はそれを見て、「ちっ」と舌打ちをしながらニヤリと笑うと、キツネザルに向かって「座りましょう」と声をかけた。

キツネザルはホッとしたのか、嬉しそうな表情をしながら席についた。そして、秘書三兄弟が何の役にも立たないことに、やっと気づいたのか、「お前らはもう帰れ」と言って、3匹を会議室から追い出した。

キツネザルは1回、軽い咳払いをすると、「さっきの話の続きなんだが――」と言って、今までとは違い、真剣な表情で話し始めた。

「実は、赤字に転落すると大変なことになるので、新商品を作ったんだよ」

「新商品？」

「今までよりも、マットレスの生地が高級な商品を作ってみたんだ。先月から、従来品よりもワンランク高い価格を設定して、商品名を変えて販売を開始しているんだ。ただ……ライフ商事という名前はそこでは使っていない」

「なんで、使わないんですか？」

黒河の問いかけに、キツネザルは顔を歪めた。

「今まで商品を安く売りすぎてしまったために、お客が『ライフ商事』という会社名を見ると、〝安い価格の寝具メーカー〟というイメージを強く持ってしまうんだ」

滝川は「本末転倒ですね」と言って、ため息をついた。

「ライフ商事の寝具事業部は、長年、Made in Japan を守ってきました。それは、誰が、どこで作ったかを明らかにすることで、お客が高い付加価値を見出《みいだ》してくれるからこそ、続けてきたはずです。それなのに、どこで誰が作ったのか分からないような商品を作り、それを高い価格で売りさばこうとするなんて、そんな新商品は売れないでしょ」

キツネザルは頭をだらりと垂れて、小さく頷いた。

「キミの言う通りだ。2ヶ月間の売上は、ほとんどゼロに近い数字だよ。僕にも、この新商品に打開策があるとは思えないんだ」

「もう戦略がメチャクチャですよ」

滝川は、呆れた口調で言葉を繋いだ。

「価格が高い商品を売って、利益が出たら、それを価格が安い商品の赤字に充《あ》てる……こんな取《と》り繕《つくろ》ったような戦略で、成功するわけがありませんよ」

キツネザルは「その通りさ。その通りだよ！」とやけくそ気味に言うと、身体全体の毛を逆立て〝怒りモード〟に入り始めた。滝川は一瞬、「なんで怒るんだ？」と疑問に思ったが、キツネザルが自分の頭をポカポカと殴《なぐ》り始めたのを見て、自分自身に対して腹を立てていることに気がついた。

「プライドが高いから、仕事が上手《うま》くいかない自分に対して怒っているんでしょうね」

黒河がぽつりと横でつぶやいた。滝川は、そのプライドの高ささえなければ、もっと柔軟なマーケティングの戦略が立てられたのではないかと、キツネザルのことを少し気の毒にも思った。

1分もしないうちに、キツネザルは逆立った毛を戻し始めて、冷静な自分に戻った。

何事もなかったかのように滝川と黒河を見つめると、「なんとしても、1位のシェアを取らなくてはいけないんだよ」と言って、頭を抱え込んだ。

滝川は、「少し違う質問をしてもいいですか?」と言って、ゆっくりとした口調で言葉を発した。

「なぜ、そこまでして、1位のシェアにこだわるのですか?」

キツネザルは顔を歪めながら、小さく身を丸めた。

「マットレスの業界で1位のシェアを取ること、それが、僕がずっと目指してきた人生の目標だからだ」

キツネザルは突然悲しみが襲ってきたのか、天井に向かって「ウォウウォウウォ」と大きな鳴き声を発した。滝川は感情的に忙しい猿だなぁと思いながらも、キツネザルの話に耳を傾けた。

「1位を取れば、僕はそれを置《お》き土産《みやげ》にして、副社長に昇進できるんだよ。そのためには、どんな手段を使ってでも、1位を取らなきゃいけないんだ」

「でも、そのわりには3年前まで、フォロワーの立場を取っていたじゃないですか。そんな追従戦略で1位なんか取れるはずないですよ」

「だから、メチャクチャな戦略だって自分でも薄々勘付《かんづ》いていたんだよ」

キツネザルは先ほどよりも、さらに大きな声で「ウォウウォウウォ」と鳴き始めた。

「目の前の売上を焦《あせ》って取りにいきすぎて、Made in Japan で高い付加価値で売るという本来の戦略も変えてしまったことが、現在の敗因です」

滝川はPLC理論を書いたホワイトボードの前に立った（231ページ図⑪）。

「確かに、PLC理論の成長期から成熟期に競合会社よりも早く駆け上がるという考え方は間違っていません。そして、成長期の最後の頃から、商品の価格が安くなることで、お客の数が一気に増えて、一方でシェアが高い会社名は市場で知れ渡るようになり、広告費もかからなくなる。しかも、新規の競合会社が参入してくることもなく、その時こそ、急激に儲《もう》かるはずなんです」

「テレビなどを家電量販店に買いに行くと、ほとんど知っている会社名ですもんね」

黒河の言葉に、滝川がコクリと頷いた。

「ここから成熟期までは、かなりの利益を稼いだはずです。部長もさっき『寝具事業部は、昔は花形部門だった』と言ってましたよね」

キツネザルが「昔はね」と寂しそうに言うと、滝川はS字の曲線の上のほうを指差した。

「本来は、ここで儲かったお金を、差別化戦略のために新商品を開発するか、マットレスではなく、寝具に関連する新しい事業を始めるなど、何かに投資するべきだったんです。しかし――」

キツネザルは顔を上げて、次の滝川の言葉におそるおそる聞き入った。

「実際にやったのは、シェアが1位のリーダーの会社と一緒になって、マットレスの価格を下げ続けただけだったんです。成熟期になり、売上も利益も安定していたから、この状態がずっと続くと勘違いしたんでしょうね。それで、気がつけばマットレスの市場は成熟期の終わりに入ってしまっていたんです」

キツネザルは、消え入りそうな声で「その通りさ」とつぶやくと、絞《しぼ》り出すように話し始めた。

「最近は、初めてマットレスを買うというお客はほとんどいない。買い換えのお客が大多数なんだよ。しかも、マットレスの寿命は10年以上だし、今は大手の会社がマットレスを出張でクリーニングする事業を展開し始めている。そのため、買い換えの需要すら減ってきているんだ」

「マットレスの市場では、今後、それほど多くの会社が生き残ることはできないはずです。もしかしたら、業界でシェアが1位のリーダーの会社しか利益を出すことはできないかもしれない」

滝川の話に、黒河が言葉を挟んできた。

「もう一度、儲かるポジショニングを見つけることができれば、寝具事業部は復活するんじゃないですか?」

その問いかけに、キツネザルは、「だから高級生地のマットレスを売り始めたんだよ」と投げやりに言って、再び頭を抱え込んだ。

「それが売れないんだから、もう万策《ばんさく》は尽きたんだ」

競合会社がいない儲かる市場を作り出す

落ち込むキツネザルに、滝川が落ち着いた口調で言葉をかけた。

「部長が、そこまで市場のシェアを取ることにこだわるのは、『マットレスの市場が拡大しない』ということを前提で考えているからではないでしょうか」

「当たり前だよ。今どき、『時代は、布団《ふとん》じゃなくて、マットレスだ!』と広告を出しても、『おお、そんな布団の代わりみたいな寝具があったのか!』と思うお客なんていないだろ」

「確かに。でも、この図を見てください」

滝川はホワイトボードに別の図を書き始めた（次ページ図⑭）。

「何だいそれは？」

キツネザルが涙目でホワイトボードに視線を送った。

「飲料水である水は、どんどん市場を拡大してきました。昔は、水を100円のペットボトルで買うなんて予想もしていませんでしたよね？　公園に行けば、タダで飲めますから。それが、今ではガソリンよりも高い価格で、水が売られています。さらに、ウォーターサーバーを貸し出す会社は、水という商品の市場でシェアを取ることよりも、水道水を使っていることが多い地方都市や、いちいちペットボトルを買っていられない家庭をターゲットにしています。そうすることで、市場を広げるマーケティングに成功して、売上を伸ばしてきました」

滝川はそういうと、黒河のほうを指差した。

「では質問。コーヒーを販売する会社は、市場を拡大するマーケティングとシェアを取るマーケティングの、どっちを狙《ねら》ってきたと思う？」

黒河は「うーん」と唸《うな》ったあと、ホワイトボードの前に行き、右下のマスに

マーケティングの選択

	市場を拡大する	シェアを取る
水	ここを狙ってきた	
コーヒー		

図⑭

斜線を引いた。

「コーヒーは、飲む人が増えるわけではないので、シェアを取るマーケティングを行ってきたと思います。つまり……寝具事業部が今やっている戦略と同じですよね」

黒河の話を聞いて、滝川は「ブッブー、はずれ。ぜんぜん違うよ」と言ってニヤリと笑った。

「コーヒーを販売する会社は、市場の拡大を狙ったんだ」

「えっ、どうやって？」

驚いた黒河に対して、滝川は分かりやすい口調で説明を始めた。

「昔は、コーヒーのテレビCMは夜中に流していた。仕事で疲れて家に帰ってきてから飲む人が多かったからだろうね。ところが最近のコーヒーのテレビCMでは、朝、会社に行く前に飲んだり、仕事中にコーヒーを飲んだりする映像を流したりして、表現方法を変えているだろ。コンビニで淹《い》れたてのコーヒーを売るようになったし、コーヒーサーバーを置く会社も増えた。お客の飲む回数が増えることでコーヒーの市場はずっと拡大してきているんだ。いや、正確に言えば——」

滝川は、語気を強めて言葉を続けた。

「コーヒーを販売する会社は、意図的に市場を拡大させていったんだよ」

その言葉に、黒河は「へーっ」と大きな声を発した。

「なるほど。つまり、マットレスの市場もシェアの奪い合いではなく、意図的に、市場を拡大する戦略を取ればいいんですね」

その言葉に、キツネザルは「そんなこと、できるわけがないだろ」と言って、自虐的《じぎやくてき》な笑《え》みを浮かべながら反論してきた。

「市場を拡大するなんて、そんなの夢物語だよ。日本の人口を増やすことはできないし、マットレスで寝る回数を増やすのだって、ムリだろ」

キツネザルは再び頭を抱え込んだ。しかし、滝川は「諦めるのは早いですよ」と言って、諭《さと》すような口調でゆっくりと話し始めた。

「マットレスの市場を拡大させようとするから、難しいんですよ。マットレス

ブルーオーシャン戦略

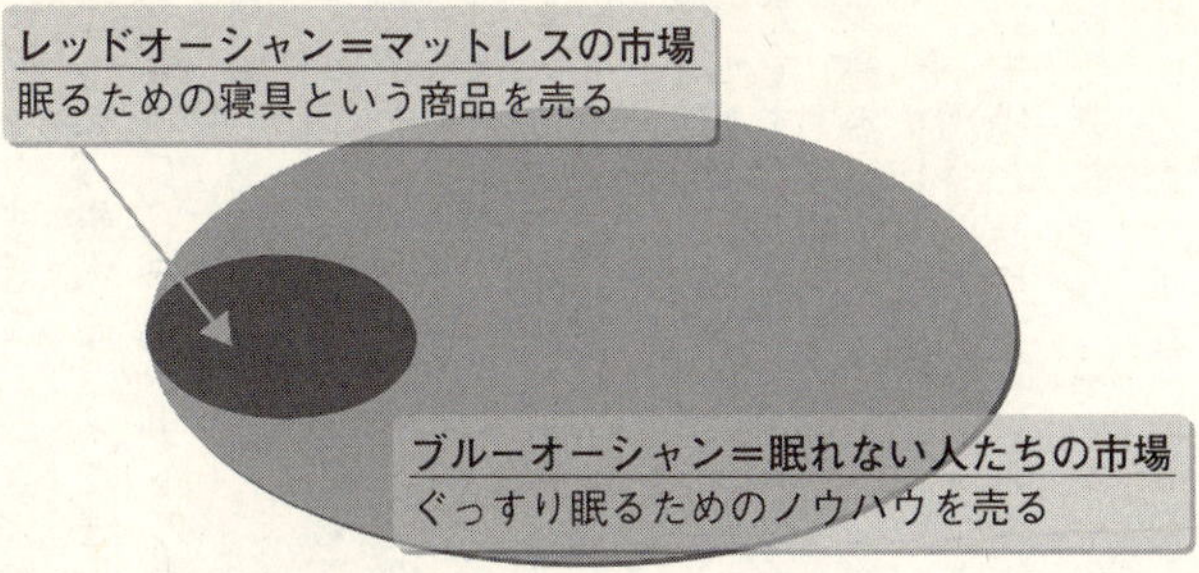

図⑮

に、こだわらなければいいんです。つまり、マットレスを売ろうとするのではなく、『市場が拡大しそうな商品を売ろう』と考えればいいんです」

「マットレス以外の商品？　まさか、寝具以外の商品を売れって言いたいのか？　そんなことをしたら寝具事業部じゃなくなってしまうだろ」

滝川は、キツネザルの問いかけに、

「ブルーオーシャン戦略（上図⑮）を知っていますか？」と、さらに質問をかぶせてきた。キツネザルが首を横に振る。

「競合会社がいない、新しい市場を作り出す戦略のことです。つまり、この市場を見つけることができれば、競争そのものがありません。シェアの奪い合いをすることもなく、儲かる市場規模になるように、拡大させることに専念すればいいのです」

それを聞いて、キツネザルの表情が急に明るくなった。

「なるほど、競争のない新しい市場か！　よーし、考えるぞー。新しい市場……新しい市場……新しい市場……新しい市場……新しい市場……ムッキー！　ムリだー、そんなのいきなり思いつくわけねぇーだろ！　ムッキー！」

キツネザルは、机の上で逆立ちをして、再び「ムリだー！」と大声で叫んだ。

滝川は、それを見て、落ち着いた口調で、「実は、こんなコンセプトを考えてみたんです」と言って、ホワイトボードに『眠りのコンサルティング』という言葉を書き記した。

「何だ、それは？」

「新しい市場と言っても、寝具事業部ですから、『眠る』ということから離れることはできません。その中で拡大する市場を考えてみると、『眠れない人』は増えているのではないかと予想したんです。コンビニが24時間営業していて、インターネットを通じて24時間、好きな情報が見られる時代です。世の中では、『眠りたいけど、眠れない』という不満はさらに高まっていくと予想できます。ここに、寝具事業部が培ってきたノウハウを投下するんです」

「眠りのコンサルティングか……『眠るためには、うちのマットレスを使えばいい』ってキャッチコピーも悪くないなぁ。いいぞ、これは新しい市場になるんじゃないか」

キツネザルは、机の上から飛び下りると、今度は逆立ちのまま会議室の中を走り始めた。

「滝川君、僕はそのコンセプトを気に入ったぞ。これから何をやればいい？」

「新しい市場である限り、儲かる市場規模に拡大させなくてはいけません」

「確かにそうだよな。うちの会社だけがやり始めたことだから、それが広まらなかったら意味がない。でも、この商品を求めている人を、まずはどうやって探し出せばいいんだ？」

滝川は、「いい考えがあります」と、言葉を繋いだ。

「B to Bの流通チャネルを狙ってみるのはどうでしょうか？」

「B to B？」

「会社が一般のお客に売る形態が『B to C』(Business to Customer)、会社が他の会社に売る形態が『B to B』(Business to Business) になります」(次ページ図⑯)

「マットレスなんだから、買うのは個人だろ。だからB to Cを狙わなきゃダメなんじゃないか？」

「でも、これから新しい事業を始めるうえで、新しいお客を探すのはとても大変なことなんです。それよりも、B to Bで取引先を増やして、そこの会社についているお客に商品を売り込むほうが、販路を早く拡大させることができるはずです」

キツネザルが「なるほど、それは面白い！」と言って飛びついてきた。

「今までライフ商事は、『お客の生活に密着して、売れ』というのが社訓だった。だからB to Bなんて今までやってこなかったからな……その戦略を、もっと具体的に教えてくれないか」

キツネザルの問いかけに、滝川はコクリと頷いた。

「B to Bの成功の秘訣《ひけつ》は3つあります」

滝川は、ホワイトボードに3つの秘訣を書き始めた。

BtoBとBtoC

	BtoB（法人向け）営業	BtoC（個人向け）営業
交渉相手	組織	個人
意思決定者	複数	1人
買うまでの時間	長い（1ヶ月〜数ヶ月）	早い（1日〜数日）
決定要因	自分の利益になるか	機能または価格
単価（1契約あたり）	高い（数百万円〜数億円）	安い（数百万円以下）
リピートの割合	高い	低い
関連商品の購入率	高い	低い
広告宣伝費の比重	低い	新規は高い 既存は低い

図⑯

①お客の目的を達成するお手伝いをして、利益を増やしてあげる
②お客の知識は豊富なので、ノウハウの提案を惜しまない
③意思決定に時間がかかるので、タイミングを外《はず》さない

「一般のお客なら、自分が寝るために、『眠りのコンサルティング』という商品を買うかもしれませんが、会社自体が眠りたいわけではありません。自分のお客を眠らせることで、自分の利益に繋がるからこそ、そのサービスを買う意思決定をするんです」

「ん？　ちょっと言っている意味が分

かりにくいな」

キツネザルは首を傾《かし》げた。

「例えば、ビジネスホテルに対して、宿泊するお客が眠りやすい部屋を、ライフ商事がプロデュースするという提案をしてみるんです。寝具事業部の商品が、その取引先の利益に繋がることを、ちゃんと説明するんです」

「このマットレスならば、眠りやすいということを説明すればいいのかな?」

キツネザルの言葉に、「ちょっと違いますよ」と言って、滝川はやんわりとその意見を否定した。

「マットレスの機能の説明を始めると、競合会社と比べられて、ブルーオーシャン戦略ではなくなってしまいます。ライフ商事は、あくまで『眠りのコンサルティング』に徹するんです。そのためには、ビジネスホテルの一室と同じ広さ、照明、音楽が流れるスタジオを借りて、忠実に眠りを体験する場を再現します。そうやって眠りを研究している姿勢を取引先に見せることで、快適な眠りが、ビジネスホテルの利益に繋がるということを提案するんです」

この話に、キツネザルは「うーん」と言って腕を組んで顔をしかめた。

「『眠りやすいビジネスホテル』を提案するだけで、そこまでのことをやらなきゃいけないものかな」

「例えば、鮮魚を売る時に、全てパックに入れて売るお店と、氷の上に並べて売るお店があったら、どちらで買いますか？」

「そりゃ、氷の上のほうさ」

「それと同じで、マーケティングも〝見せ方〟の演出が大切なんです」

「なるほど、取引先が見て、パッと理解しやすい方法で伝えていかなきゃダメだってことなんだな」

「ビジネスホテルも、『高級だから宿泊料が高い』『高級じゃないから宿泊料が安い』という差別化だけでは生き残れないはずです。そこで、ビジネスホテルの利益に繋がるような、違う切り口をライフ商事が提案してあげるのです」

「そうなると、このサービスはホテルに特化していけばいいんだな」

キツネザルの質問に、滝川は首を小さく横に振った。

「いえ、『眠りのコンサルティング』というコンセプトであれば、マットレスである必要はないんです。例えば、夜行バスの座席のマット、寝台列車のベッドも、『眠りたい人』がいるという意味で、同じマットレスの商品ということになります」

滝川のアドバイスに、キツネザルは頭の中に市場が広がっていくことを想像し始めた。マンガ喫茶やキャンプ場のハンモック、果ては飛行機のファーストクラスや、老人ホームのベッドの提案など、眠りのコンサルティングのマーケットは、青い海のように果てしなく広がっているように思えてきた。

キツネザルは嬉しくなってきたのか、「ウホッウホッ」と奇声をあげ始めた。

「滝川君、面白くなってきたぞ。ＢtoＢのビジネスを成功させる、残り２つの秘訣も教えてくれないか」

滝川はその言葉に頷くと、キツネザルの目を見ながら話し始めた。

「２つ目はここにも書いてある通り、『ノウハウの提案を惜しまない』ということです」

「持っているノウハウは、全部出し切れということなのか？」

「例えば、お客となる会社が、ビジネスホテルであれば、『眠れない』という問題に関する知識が豊富です。だから、『眠りのコンサルティング』のノウハウを出し惜しみするのではなく、契約する前から、こちらが持っている全てを見せてしまったほうが、スムーズに話を持っていけるはずです」

「おいおい、そんなことして大丈夫か？　世の中には、競合会社のノウハウを黙って盗み出して、それを自分のビジネスに勝手に使うモラルの低い輩《やから》もいるんだぞ」

滝川はその話を聞いて、「お前のことだよ！」と突っ込みそうになったが、その言葉は飲み込んで話を続けることにした。

ノウハウ提供型ビジネスを成功させる方法

「ちょっと順を追って説明しますね。そもそもＢtoＢでは、価格だけの競争にはならないので、商品を安く売ることはしないんです」

「ブルーオーシャン戦略で、競合がいないから、当然だな」

「いや、競合がいる場合のＢtoＢのビジネスでも、安ければ売れるというわけではないんです」

「そうなのか？」

キツネザルは大きく目を見開いた。

「ビジネスホテルで考えてみると、投資金額に比べて、眠りのコンサルティングの価格は数パーセントにしかなりません」

「確かに、ビジネスホテルを作るとしたら、建物や土地、風呂《ふろ》、トイレなどの設備が何十億円とかかるからな。それに比べれば、マットレス、照明、音楽プレイヤーなどは、些細《ささい》な金額でしかない。でも、それは、ビジネスホテルだからじゃないのか？」

滝川は「そんなことありませんよ」と言葉を返した。

「お菓子でも、パッケージのビニールのコストは本体や運送費に比べれば、数パーセントでしかありません。ところが、そのパッケージのデザインを変えるだけで、売れ行きが大きく変わります。そのパッケージのコストが上がり、2％から4％になっても、お菓子が2倍売れるのであれば、その投資はすべきという結論になります」

「ふぅん、自分たちのお菓子が売れるのであれば、パッケージのコストは高くてもよいということか。それよりも、自分たちの商品が売れる理由、つまりノウハウを持っている会社と取引をしたいと考える。だから、パッケージを売っている会社が、ノウハウを出し惜しみなんてしていたら、そもそも取引に繋がらないということなんだな」

滝川は「その通りです」と言って首を大きく縦に振った。しかし、すぐに表情を引き締めて話を続けた。

「でも、最後の3つ目の注意点に気をつけなければ、今までの苦労は全て水の泡になってしまいます」

黒河がメモを取るペンを止めて、顔を上げた。

「3つ目というと……、『タイミングを外さない』ということですか？」

「その通り。一般のお客と違い、BtoBで売り込む場合、お客となる取引先の意思決定者は1人ではない。だから、タイミングを見極めるのが非常に難しい」

「ライフ商事と同じで、社長や部長がいて、その決裁が下りないと現場の社員が動けないというのと同じですね」

「それだけじゃない。会社同士で契約をすると、長期間の付き合いになるから、決裁権のある人は慎重にならざるを得ないんだ」

その言葉を聞いて、キツネザルは眉間に皺を寄せた。

「確かに、口で言うほど、BtoBの契約は生易《なまやさ》しいものじゃなさそうだな。ビジネスホテルの全ての部屋のマットレスを交換することになれば、その間、交換している部屋の営業もストップしてしまう。社長でも、なかなか勇気のいる決断になるぞ」

「だから、BtoBビジネスは動く金額も大きい分、意思決定にも時間がかかるんです。売り込むタイミングも大切ですし、根気強く営業を続けることも必要なんですよ」

その言葉に、キツネザルは少し暗い顔になった。

「そうか、ＢtoＢで利益が出るのは、時間がかかるのか……やっぱり、今年中に寝具事業部の利益を黒字化させるのは難しそうだな」

「そんなに落ち込む必要はありませんよ。『眠りのコンサルティング』を売るのは、ＢtoＢだけではなく、同時にＢtoＣも進めますから」

「おいおい、さっきＢtoＣはお客を集めるのが大変だって、否定したばかりじゃないか」

キツネザルの問いかけに、滝川は淡々と自分の戦略を話し続けた。

「いきなり新しいお客を探そうと思っても、広告費ばかりかかってしまいます。だから、まずは過去にライフ商事のマットレスを買ってくれたお客にＤＭを出すことから始めてみるのはどうでしょうか。具体的には、期間限定で、『眠れる秘法を教えます』という触れ込みで、キャンペーンを展開するんです」

「なるほど、集めるのにコストがかかる新規顧客から狙うのではなく、すでにリストがあるうちの会社の優良顧客から狙っていけばいいんだな」

「そのほうが、顧客獲得コストが割安ですみます。ただ、この戦略を展開するのであれば、お客からの質問に、すぐに答えられて、クレームがあったら、すぐに対応できる体制を整えておかなくてはいけません」

「なぜ、そんなことをする必要があるんだ？」

キツネザルが首を傾げた。

「せっかくキャンペーンを展開しても、やってきたお客を満足させる体制が整っていなかったら、何の意味もないじゃないですか」

滝川の言葉に、キツネザルは「確かに」と言って大きく頷いた。

「今まではマットレスという商品があるから、その機能を説明すればよかったんですが、これからは形がないノウハウを売っていくんです。早急な対応ができる体制と、一人ひとりの接客サービスを充実させなければ、目に見えないサービスの付加価値を上げることはできません」

その話を聞いて、黒河の表情が引き締まった。

「そうなると、社員教育が大変になりそうですね。社員本人もノウハウを学ぶのに苦労しそうですし」

「最初から、そんなに弱腰になる必要はない。接客サービスをマニュアル化するんだ。そうすれば、『成長の壁』を越えられるはずだ」

「成長の壁?」

キツネザルと黒河が、同時に滝川に聞き返した。

「ノウハウを売るなどの高度な労働集約型のビジネスの場合、深い知識と経験が必要になるんです。しかし、知識と経験が浅い新人では、このような業務をこなすことは非常に難しい。そのため、人材を育てることに時間がかかり、ビジネスの成長が止まってしまうことが多いんです。だから、接客サービスのマニュアル化は、このような労働集約型のビジネスには必要不可欠なんです」

「でも、そんな難しい接客サービスを、社員全員が均一に提供できるようにするのは——」

黒河が言いかけたところで、滝川が先の言葉を遮《さえぎ》った。

「完璧《かんぺき》を目指さなくていいんだ。マニュアルを読んだ社員が、すぐに接客ができるはずがない。だから、まずはある一定の水準を目標にして頑張ってみる。そうすると、その中からすばらしい接客の能力を発揮する社員が必ず出てくるから、周囲の人は、その人をマネることで、成長していける」

「マニュアル化で、そのような好循環を作れば、高度な接客サービスができる社員が育つまでの時間も短縮できるってことですね」

最後に、滝川は『眠りのコンサルティング』のマーケティングについて、補足した。

「将来、『眠りのコンサルティング』という、お客がイメージしにくい商品でも、BtoCの市場で、口コミを広げることができれば、売上をさらに伸ばすことができますよ」

「口コミかぁ。そのためには、まずはお客にショールームに来てもらって、実際に眠りを体験させなければいけないな」

キツネザルの提案に、滝川は首を横に振った。

「『体験しなければ理解できない商品』というのは、売れるまでのコストがかかりすぎてしまいます。体験したり、商品を見せたりしなくても、売れるようにする必要があるのです。例えば、『ぐっすり眠れなくなったことで、翌朝の車の運転で事故を起こす確率が高くなります』とか、『質の良い睡眠を取れば、仕事の効率が上がりますよ』とか、お客に『眠りのコンサルティングを受けておけばよかった』と思わせる小冊子を作って配ると、わざわざ体験しなくても、その商品を買う理由をお客に理解させることができるようになると思いますよ」

滝川の最後のアドバイスを聞いて、キツネザルは一瞬、表情を明るくした。しかし、すぐに重いため息をついて、どんよりとした目つきになった。

「確かにキミのアイデアは素晴らしい。ブルーオーシャン戦略も魅力的だ。そのついでに、もうひとつ、悩みを聞いて欲しいんだが――」

キツネザルは言葉を一旦飲み込むと、険《けわ》しい表情で滝川の顔を覗き見た。

「いきなりマットレスではなく、『眠りのコンサルティング』を売るとなると、社長が同意してくれるかどうか、不安なんだよ」

キツネザルの社長に対する恐怖心は、かなり強いようだ。しかし、滝川は、この質問をすでに予想していたのか、「それならば――」と言って、すぐに回答を口にした。

「同意してもらうことを前提に、先に組織を変えて、『眠りのコンサルティング』という商品を売ってしまえばいいんです。成功事例を提示して、ボトムアップで社長を説得していけば、話は通るはずです」

そのアドバイスを聞いて、キツネザルは目を輝かせた。

「ウキーッ、それは名案だ！　実際に売上が上がり、利益を出していれば、社長も納得せざるを得なくなるからな。滝川君、ぶっちゃけた話、この戦略はどのくらいの期間で成功できると予測しているのかい？」

滝川はそう聞かれて、「3ヶ月もあれば」と自信を持って答えた。

「よし、3ヶ月だな。その期間内に絶対に眠りのコンサルティングの事業を軌道に乗せるぞ！」

キツネザルの言葉に、滝川は「最後に、もうひとつだけ」と言って、アドバイスを付け加えた。

「ブルーオーシャン戦略が、同じ市場で永遠に続くわけではないということは、事前に理解しておいてください」

その言葉に、キツネザルは肩を落とした。

「やはり、永久に儲かり続ける市場なんてないんだな」

「儲かる市場規模に成長したら、必ず競合会社が参入してきます。しかも、成長期にある市場はすごく魅力的です。だから、ライフ商事よりも大きく、資金力がある競合会社も参入してくると予測しておくべきです。そうしたら、また厳しい価格競争になるでしょう」

「そんなにすぐに、価格競争になるものなのか。成熟期になるまでは、儲かるんじゃないのか？」

「マットレスの時と同じように、国内の会社だけではなく、外国企業が参入してくることもあります。競合が増えれば、シェアを取るために、コストリーダー戦略で価格をダントツに下げてくる会社も出てきます。その時には、ライフ商事も、ある程度の価格競争に参加しなくてはいけませんが、その一方で、次の新しい市場を探し続けるのです。それが、ブルーオーシャン戦略なのです」

キツネザルは「分かった」と言って大きく頷いた。その目にはもうすでに迷いはない。ブルーオーシャン戦略でやり遂げる覚悟を決めたキツネザルの目を見て、滝川は、この事業が成功することを確信した。

滝川たちが帰ったあと、キツネザルはすぐに、『眠りのコンサルティング』の事業を展開するための組織を作り始めた。必要な情報を急いで集めると、コンセプトからお客に提示するパンフレット、営業社員のためのマニュアルまで、ほぼ徹夜状態で、1週間ほどで作り上げた。

そして、ビジネスホテルや夜行バスの運営会社に『眠りのコンサルティング』を提案して、ＢtoＢの営業を実行。多くの会社が『眠りのコンサルティング』のコンセプトを理解してくれて、キツネザルが展開する新しいビジネスは大ヒットとなった。そこまで実績が上がると、社長も戦略の変更を認めざるをえなくなり、さらに新しい商品を開発していくことも了承したようだ。そして、滝川の予想通り、３ヶ月後に寝具事業部の売上はＶ字回復して、今期中に4億円近い利益を出す計画に変更された。

キツネザルは再び寝具事業部に、滝川と黒河を呼び寄せて、礼を述べた。

「キミの『眠りのコンサルティング』というブルーオーシャン戦略がなければ、間違いなく、赤字に転落しているところだったよ」

「いいえ、部長の行動力があってこその結果です」

キツネザルは照れながらも、真剣なまなざしで話を続けた。

「どうだろう、もし、キミにその気があれば、部長に昇進して、もっとライフ商事全般のマーケティングを見てもらえないかな」

「部長、ですか」

滝川は黒河と目を合わせた。喜びよりも、人間なのに部長に昇進できるのかという疑問のほうが先に頭の中をよぎった。

「僕はこう見えても、次期、副社長候補と言われるポジションにいるんだ。今回の寝具事業部の売上のV字回復によって、その可能性は大きく高まった。キミが望むのなら、僕が社長に掛け合って、キミの部長への昇進をお願いしても構わない」

キツネザルはそう言うと、恥ずかしそうに言葉を繋いだ。

「正直、キミに初めて会った時は、経済の能力の低い人間が、ビジネスを成功に導くことなどできないと思っていたんだよ。だけど、それは偏見でしかないことを大いに反省した。人間だとか、猿だとかなんてちっぽけなことは関係ない。仕事ができるやつが上に立つべきなんだ。どうだろう、僕と一緒に、このライフ商事をもっともっと大きな会社にしていかないかい」

キツネザルの提案に、滝川は胸を高鳴らせた。今まで人間という理由だけで、出世は諦めなくてはいけない立場だった。しかし、自分の今までやってきた業績が認められて、今、さらにやりがいのある仕事を任されようとしている。

しかし——。

そのためには、自分が知っておかなくてはいけないことがあった。

「部長、昇進のお話はありがたいのですが、その前に教えていただきたいことがあります」

「なんだね。僕の知っていることであれば、全て答えよう」

「1999年、ワシントンショックの時に、世の中に一体何が起きたんでしょうか？」

キツネザルの表情が急にこわばった。

「私が調べた限りでは、このワシントンショックを境に、経済界を猿が仕切り始めました。そして、人間の記憶力が低下したことで、歴史も差し替えられた。このワシントンショックの時に、一体、この地球上で何が起きたんでしょうか？」

滝川は一気にまくし立てた。キツネザルの渋《しぶ》い表情から、〝何も知らない〟と言われることを覚悟していたが、聞こえてきたのは、その逆の回答だった。

「分かった。教えよう」

滝川と黒河は、同時に「えっ」と驚きの声を発した。

「実は、僕の叔父は経団連の役員をしている。だから、この話は、トップシークレットとして、僕は知ることができた。本当は他言してはいけない話なのだが──キミには恩義がある」

キツネザルはそう言うと、ワシントンショックの時に起きた出来事を淡々と話し始めた。

ワシントンショックは、アメリカが『鎖国《さこく》』を宣言して、国債を償還しないとメディアで一斉《いっせい》に通達したことが原因だった。世界中は未曾有《みぞう》の金融危機に陥り、次々と大手銀行が潰《つぶ》れていった。そのため、世界中でお金の価値を信じる人がいなくなり、略奪や犯罪が多発した。それを鎮静化《ちんせいか》させるために、国連が全精力を傾けて、人間の感情を抑制《よくせい》するウィルスの開発を行ったのだ。

ところが、人間の感情を抑制するウィルスを、猿を実験台にして開発していたところ、研究所では別の発見で大騒ぎとなった。そのウィルスに感染した猿は、急激に脳が肥大化して、経済の能力だけが突出した猿へと変貌《へんぼう》することが分かったのである。

人間以上の経済の能力を手に入れた猿たちは、当然、自分たちが実験台にされていることに気づき、研究所から脱走を図る。そして、大量のウィルスを持ち出して、仲間の猿にも高い経済の能力を植えつけていったのである。

滝川と黒河は、表情を歪めながら話を聞き続けていた。キツネザルは、それでも構わず、話を続けた。

「そもそも、人間の感情を抑制するために研究されていたウィルスだったんだよ。ところが、猿たちが実験途中のウィルスを持ち出したことによって、思わぬ副作用が生まれてしまったんだ」

「副作用？」

「そのウィルスに感染した人間に対して、過去の記憶や憎しみの感情を低下させて、物事に対して疑問もやる気も起こさなくしてしまう副作用を生んだんだ」

滝川は言葉を失った。今まで腑《ふ》に落ちなかったことが、ようやく頭の中で一本の線で繋がった。人間たちが記憶を欠落させたかのように、過去の出来事や猿の存在を疑問に思わなくなってしまったのは、このウィルスの感染が原因だったのだ。

「猿たちがウィルスを外に持ち出したことによって、瞬《また》く間に世界中にこのウィルスは広がっていった。ウィルスなので見えないし、このことが報道されることもなかった。結局、人間たちは記憶力とやる気を失い、一方で経済の能力の高まった猿たちが、人間に代わってお金の流れをコントロールして、台頭《たいとう》していったんだ。同時に、猿たちは都合のいいように歴史を改ざんして、記憶力の低下した人間たちに、新しい歴史を植えつけたんだ」

「だから、この世界は猿が取り仕切っていても、秩序が守られていたのか」

キツネザルは、コクリと頷いた。

「結果的に、優秀な猿たちによって、ワシントンショックを終息させることができた。過去の記憶がすり替わり、物事に対しての意欲がなくなった人間たちは争いを止めて、世界中で起こっていた略奪や犯罪は鎮静化したんだよ」

キツネザルはそこまで言うと、滝川の目を見て静かに言葉を発した。

「全て、これでよかったんだ」

滝川はその話を聞いて、床に膝《ひざ》をついて座り込んだ。何か言葉を発しようと思ったが、何を言えばいいのか分からなかった。キツネザルは滝川のそばまで行き、膝をつく滝川と目線を合わせた。

「キミがどういういきさつで、猿以上の経済の能力を得たのか、僕は知らない。しかし、会社で上に立つべき者は、能力の高い者と決まっている。今のこの会社には、キミの能力が必要なんだよ」

その言葉に対して、滝川はどういう感情を持てばいいのか、心の整理がつかなかった。いろいろな思いが浮かんでは消え、消えては浮かび、最後は首を左右に振り続けるのが精いっぱいだった。

しばしの沈黙のあと、口を開いたのは横にいた黒河だった。

「私からも質問していいでしょうか？」

黒河の問いかけに、キツネザルが頷く。

「私は、今の『部長以上が全て猿』という世界に対して、何の疑問も持たずに生活してきました。だからおそらく……ウィルスに感染している人間の一人だと思います。でも、仕事に対しての意欲はあるし、他の人たちに比べて、経済やビジネスのことに対して強い興味も持っています。これは、なぜなんでしょうか？」

キツネザルは、黒河の顔をジッと見つめると、静かに言葉を発した。

「ウィルスに感染しても発症しないケースもある。ほんの数パーセントだが、発症しなかった人間がいるのも事実だ。だから、キミが仕事に対して意欲があり、経済の能力が高いことは、なんら不思議なことではない」

黒河が言いかけたところで、キツネザルは言葉をかぶせてきた。

「人間も猿も、生まれ育った環境に、順応してしまうものなんだよ。生まれた時から猿に経済の世界が支配されているのが当たり前だと理解してしまったら、その世界観を受け入れて当然だろ」

キツネザルはそう言うと、静かに言葉を繋いだ。

「結局、人間や猿の性格や考え方を決定づけるのは、そこに至るまでに、どのようなプロセスで育ってきたのか、その経験によって決まるものなんだ。周りの人に愛されれば、愛に満ちた者になるし、裏切られれば、悪魔のような心を持った者になる。ウィルスに感染した人たちに囲まれて育てば、いくら高い能力を持っていたとしても、周囲の人たちに染まってしまう。それはキミのせいではなく、その世界を作り出した猿たち――いや、正確に言えば、相手を信じられなくて争いを起こした人間たちがいけないんだ。そもそもの元凶は、人間にある」

黒河はその言葉を聞いたとたん、両手で顔を覆《おお》い隠した。ショックのあまりの行動なのか、それとも泣いているのか、滝川には判断できなかった。ただ、ひとつだけ言えることは、この話は人間である２人にとって、残酷《ざんこく》な話であることだけは間違いなかった。

帰りのハイヤーの中で、滝川は流れる夜の街の景色を眺めていた。

「目標の10億円の利益は、もう達成できましたね」

重い雰囲気を変えようと、黒河が口を開いた。

「1年という期限まで、まだ1ヶ月ほどあります。あとは最後の事業部が赤字にならなければいいだけですね」

滝川は、黒河の言葉に「あぁ」と無愛想《ぶあいそう》に答えるだけにとどめた。あまりにもキツネザルの話は衝撃的すぎて、しばらくは何も考えることができなかった。

ハイヤーは高速道路を走っていた。滝川はぼんやりと、湾岸エリアの工業地帯の夜景を眺めた。

ふと、空に浮かぶ赤い月が目に入った。

「今日は、満月なんですね」

優しい声で黒河が言った。

満月——。

自分が猿ヶ島の祭礼に行った時も、丸い月が浮かぶ夜だった。大きな月が水平線ギリギリのところに浮かび、不気味に猿の石像を照らしていたことを今でも覚えている。あれから11ヶ月。おそらく、自分の世界との〝ズレ〟がなければ、今年もあの島で、祭礼が行われるはずである。

その状況を頭に思い浮かべた時に、ふと、滝川の頭の中でスイッチが入るような音がした。滝川は、おもむろに自分の鞄の中からスケジュール帳を取り出し、昨年の日付に目をやった。

9月15日——。年に一度だけ開催される、猿ヶ島の祭礼の日だ。

もしかしたら、この祭礼の時に、元の世界に戻れるかもしれない。潮《しお》の満ち引きや、重力の関係に、何らかの祭礼の力が加わり、年に一度だけ、時空の歪みをあの島に生じさせて、石棺がこの世界との出入り口になる——もちろん、滝川の仮説でしかなかったが、祭礼の日に猿ヶ島に行けば、元の世界に戻れる可能性は十分にある。

「来月の15日、俺の予定はどうなってる？」

突然の問いかけに、黒河は「えっ」という声を発した。すぐさまスケジュール帳を開き、滝川の質問に答える。

「15日は滝川さんの入社1周年をお祝いしたいということで、社長との面談が午後から入っています。その時、社長の直轄で運営している5つ目の事業部のマーケティングの戦略を一緒に考えて欲しいと言われています」

それを聞くと滝川は「よりによって……」と小声でつぶやき、空に浮かぶ満月を恨《うら》めしそうに睨みつけた。

第5章

マーケティングを実行する時に必要になること

――「売れ筋」を予測し、成功するまで
戦略を修正する

GENERAL MANAGER OF THE APES

1年近くも働いているのに、滝川《たきがわ》が社長と会うのは今日が初めてだった。滝川の入社と入れ違いで、ライフ商事が本格的に海外進出を検討し始めたこともあり、社長はほとんど日本にはいなかった。この1年間、滝川自身も社外での打ち合わせがかなり多く、今までの報告は、全《すべ》て副社長のニホンザルを通じて行ってきた。

そんな社長とのコミュニケーション不足もあってか、結局、9月15日の打ち合わせの日程を変更することはできなかった。何度か社長秘書でもある黒河《くろかわ》を通じて、別の日程に変更できないか、打診《だしん》していたが、社長自身がこの日の夕方には海外に出張しなくてはいけないらしく、スケジュールを変更することが最後までできなかった。

しかし、滝川がこの日に猿ヶ島に渡る手段は、完全に絶たれたわけではない。竹芝《たけしば》客船ターミナル発の大島行きの高速船の最終便は15時発。この船に乗ることができれば、伊豆大島に16時45分に着いて、そこから漁船をチャーターすれば、ギリギリ18時から始まる猿ヶ島の祭礼に間に合う。予定では、社長との会議は14時で終わる。新木場《しんきば》からタクシーに乗れば、15時発の高速船に乗ることは、それほどタイトなスケジュールではなかった。

滝川は、14時に会社の前にタクシーを待機させて、満《まん》を持《じ》して社長との会議に臨《のぞ》むことにした。

初めて会う社長は〝ゴリラ〟だった。

滝川が社長室に入るなり、拳《こぶし》を地面に突きながら歩く〝ナックルウォーク〟で近づいてきた。

「キミの活躍は、秘書の黒河君から聞いているよ」

ゴリラは嬉《うれ》しそうに握手を求めてきた。

「ありがとうございます」

「黒河君も1年間、滝川君と一緒にいて、マーケティングの勉強がいろいろできたんじゃないのか」

黒河は笑顔で「はい」と素直に答えた。

「本当は夜に食事会でも設《もう》けて、滝川君の入社1年目のお祝いでもやりたかったんだがね。夕方には成田《なりた》空港からアメリカに飛ぶことになってしまい、どうしても、この時間しか空《あ》いていなかったんだよ」

ゴリラは残念そうな顔をして言葉を繋《つな》げた。

「日を改めて、とも思ったんだが、滝川君には『1年以内に10億円の利益を作る』という目標を達成させてあげたいと思ってね。それで、1年という期限前の今日、ムリやりスケジュールを組んだんだよ」

この言葉に黒河は、「すでに10億円の利益は達成していますよ」と言ったが、ゴリラはゆっくりと首を振った。

「いや、俺が直轄で運営している事業部が赤字なんだ。ただ、滝川君の今までの実績を考えれば、1回のアドバイスで、黒字にするのは簡単なはずだ」

ゴリラはそう言うと、机の上に事業部の資料を広げ始めた。

「ネットショップ、ですか？」

滝川の頭の中は混乱した。なぜならば、社長であるゴリラの直轄の事業部と聞いていたので、もっと大きなビジネスモデルを想像していたからである。しかも、扱うアイテムは〝スイーツ〟だった。客単価が低いスイーツを、あえて年商200億円のライフ商事がやるべきなのか。

そんな滝川の疑問を表情から感じ取ったのか、ゴリラが先に口を開いた。

「〝イノベーションのジレンマ〟という言葉を知っているかね？」

ゴリラはソファに深く身を沈めて、じっと滝川のことを見つめた。

「特定の業界でシェアの高い会社が、お客のために商品を改良していると、イノベーションに立ち遅れてしまい、失敗してしまうことを言うんだよ。うちの会社は年商200億円の会社で、事業部がそれぞれの業種でシェアを拡大しようと頑張っている。ただ、『お客の生活に密着して、売れ』という社訓のために、新しい事業への参入に遅れてしまっていた」

「そこで、新しい事業部が、このスイーツの販売ということなんですか？」

「いや違う。うちの会社の事業部には、インターネットに関連するビジネスがほとんどない。このままでは、いつかインターネットを使ったイノベーションを起こす会社に負けてしまうのではないかと不安なんだ」

ゴリラは「家電量販店なんか、いい例じゃないか」と言って、説明を付け加えた。

「家電量販店は家電をお客に安く売ろうと、売り場の面積を増やし、出店を急いできた。大量に商品を仕入れることで、コストを下げて、お客へのキャッシュバックも行ってきた。彼らの競合会社は、同じ家電量販店同士だとずっと考えてきたんだ。もちろん、インターネットを使って売ることも考えたかもしれないが、自分のお店と競合して、お客を奪ってしまう。同じ理由で、競合の家電量販店もインターネットで売ることに力を入れていないことに、安心していたはずだ。ところが、まったく想定していなかったアマゾンが、突然、書籍だけでなく家電をインターネットで売り始めた。アマゾンのほうが、商品ごとの価格が比べ易《やす》く、売り切れの商品も一目で分かり、しかも重い商品を家まで配送してくれて便利だと、お客は気づき始めている。結局、家電量販店は、『インターネットで販売する』というイノベーションに立ち遅れてしまったんだよ」

その話を聞いて、滝川はようやく事情を理解することができた。ゴリラは今まで会社がやったことのない事業を始めることで、多くの視点を持とうとしているのである。

新しいビジネスに挑戦し続けることで会社は成長する

お客は、突然現れた新しい商品で、なおかつシンプルなビジネスモデルのほうに心を奪われてしまうものだ。まして、そちらのほうが、同じ商品で比べても価格が安く、サービスも充実しているのであれば、もはやお客の心を取り戻すことは不可能に近い。このように、予想もしなかったところから、競合会社が突然現れても、目の前のお客への対応を一生懸命やっている会社ほど、その参入に気づかないのである。

だから、どんな会社であっても、イノベーションのジレンマを回避《かいひ》することはできない。滝川はずっとそう思ってきた。しかし――自分から新しい事業を立ち上げて、その業種でイノベーションを起こしてやろうと考えているゴリラなら、話は別だ。滝川は、改めてゴリラの経済の能力の高さに感心した。

ゴリラは、自分の持論《じろん》を滝川に語り始めた。

「新しいビジネスを常に立ち上げる意欲がなければ、会社は成長しない。ところがうちの会社の売上が２００億円を超えたあたりから、安定を求めて入社する社員が多くなってしまったんだ。そのせいか、今の社内には新しいビジネスにチャレンジする提案が完全になくなってしまった。だから、社長である俺自らが、インターネット事業部を立ち上げることにしたんだよ」

「それにしても、なぜ、スイーツのお店を」

滝川の質問に、ゴリラは「それだよ」と言って、前のめりになって話し始めた。

「実は、インターネットで商品を売るビジネスに参入することは、以前から決めていた。しかし、何を売るかは、ずっと迷っていたんだ。その時、ちょうど人気洋菓子店の店舗を、社長が病気になったことを理由に売却したいという話が舞い込んできた。インターネットだけで商品を売るよりも、実店舗があったほうが、お客の信頼は厚くなる。その店舗を実際に見に行ったんだが、オーブンなどの調理器具もまだ新しく、スイーツを作る社員もそのまま働いてくれるということだった。そこで、その洋菓子店を買収して、スイーツを売り始めることにしたんだよ」

ゴリラはそう言うと、社長室に備えつけられている冷蔵庫から、あるものを取り出してきた。

「そしてもうひとつ、俺がこのビジネスモデルで成功すると確信している理由があるんだ。まずは、これを食べてみなさい」

差し出されたのは、白い皿の上に載った、5個の黒くて真ん丸の物体だった。直径は5センチほど。滝川はもう一度、ゴリラの顔を見た。ちょうど鼻の穴の中にすっぽり入る大きさだった。

「さぁ、食べなさい」

ゴリラは滝川の顔を睨《にら》みつけた。滝川は一瞬、肩をすくめたが、とてもではないが口に入れることができない。これはいったい何なのか？　ゴリラの鼻クソか？　しかし、これが成功する要因だとしたら、さっぱり理由が分からない。ゴリラの鼻クソを食べさせる新しいビジネスが、この世界にはあるのか？

「私、先にいただきますね」

滝川の苦悩をよそに、黒河はパクリと黒い物体にかじりついた。

「美味《おい》しい！　これ、すごく美味しいですよ！」

ゴリラの鼻クソを、黒河はむさぼるように食べ始めた。その光景を見て、滝川も半信半疑で黒い物体にかじりついた。

「それじゃ、自分も……本当は……甘いものは苦手なんですけど……あ、あれ、おお、これはなんだ、うますぎる！」

滝川の素直な感想が口から飛び出した。

「何なんですか、これ」

「チーズケーキだ」

「なんで……こんなに黒くて丸いんですか？」

「インパクトがあっていいだろ。表面はココアをまぶして黒くしているんだよ。球体のチーズケーキは、形にインパクトがあってＳＮＳで話題が広がることを意識した」

滝川は「紛《まぎ》らわしいんだよ！」という言葉が喉元《のどもと》まで出かかったが、目の前にゴリラさえいなければ、こんな誤解は起きないはずだと思い、その台詞《せりふ》はぐっと飲み込むことにした。

「こんな美味しいチーズケーキ、私、食べたことがありません」

横で黒河が興奮しながら食べ続けている。それを見て、ゴリラは満足そうな顔をして、うんうんと頷《うなず》いた。

「俺はゴリラだから、味覚と嗅覚《きゅうかく》は人間より数百倍も優れている。だから、食べ物は一口食べただけで、どんな材料を使っているのか、ミリグラム単位まで嗅《か》ぎ分けることができるんだ」

「この味だったら、売れること間違いなしですよ」

黒河は、よほどチーズケーキの味が気に入ったのか、パクパクと2個目、3個目の黒い物体を食べながらゴリラに話しかけた。しかし、ゴリラはだんだんと浮かない表情になり、肩を落とし始めた。

「ところがだ。これが予想に反して、まったく売れないんだ」

ゴリラは、滝川に資料を見せながら説明を始めた。有名パティシエも他店から引き抜いてきており、お客も40代から50代の女性に絞《しぼ》り込み、他のお店よりも、スイーツの価格を高く設定して、しっかりプレミアム感も演出されていた。ネットショップやスマートフォンのサイトの作り込みも、十分、合格点のレベルだった。

「大手のショッピングモールにも積極的に出店したし、インターネットの広告にも投資した。しかし、それが売上に、まったく繋がっていないんだよ」

滝川は、もう一度、ゴリラから配られた資料に目を落とした。マーケティングの戦略に大きな間違いはない。そうなると、もっと根本的なところに問題があるのではないか――。

滝川は、とりあえず、ターゲットの設定について、掘り下げて聞いてみようと思った。

「社長、この『40代から50代の女性をターゲット』というのは、何か根拠があっての設定なんでしょうか?」

その問いかけに、ゴリラはすぐに答えた。

「調査会社に頼んで、スイーツを過去に買ったことがあるお客のデータを分析してもらったんだ」

「自分たちで、アンケート調査はやっていないんですか？」

ゴリラは「するわけないだろ」と言って、笑い飛ばした。

「スイーツを買いに来るお客の不満は、『もっと美味しくしろ』とか、『価格を安くしろ』とか、だいたい言いたいことは自己中心的でワガママなものと相場は決まっている。中には1個300円のスイーツに対して『アフターサービスをしろ』とか、ムリなことを言うお客もいる。その声をまともに聞いていたら、現場の社員は振り回されてしまうし、それを耳にした社員はやる気を失《な》くしてしまうだろ。俺の味覚で絶対的に美味しいスイーツさえ作り続ければ、お客の声なんて聞く必要はないんだ」

ゴリラの話を聞いて、滝川は失敗の要因をほぼ把握することができた。頭の中で伝えたいことを整理して、順序よく説明を始めた。

「社長、スイーツが売れない理由は、2つあります」

「おおっ、さすが滝川君、もう解決方法が分かってしまったのか」

「まず、1つ目は、ターゲットが、大きくズレている点です」

それを聞いて、ゴリラは表情を曇《くも》らせた。

「おいおい、それはないだろ。だって調査会社に依頼して、信頼のあるデータを手に入れているんだぞ」

「そのデータ、最新のものですか？」

ゴリラの右の眉《まゆ》がピクリと上がった。すぐにデータに目を落とし、「5年も前のものだ……」と言って、口ごもってしまった。

「スイーツは他の商品と比べて、商品寿命が短いんです。5年前のデータでは古すぎますよ。もしかしたら、『40代から50代の女性をターゲットにしたスイーツ』というコンセプト自体が、今の市場と大きくズレてしまっている可能性があります」

「それならば、最新の情報を手に入れるために、お客にアンケート調査を行えばいいのか？」

滝川は「それも、意味がありません」と言って言葉を繋いだ。

「さっき、社長もおっしゃっていた通り、その調査方法だとお客はムリな要望を出してきたり、本音ではないことを答えるものです。そんなウソのデータばかりを集めても、商品の開発や販売には、何の役にも立ちません」

「じゃあ、どうすればいいんだよ！」

ゴリラは目の前にある机を拳で叩《たた》いた。しかし、滝川はその威圧には微動だにせず、ゆっくりとした口調で話し始めた。

「予測するんです」

「予測？」

「自分たちで仮説を立てて、それをもとに予測して、それに合わせたマーケティングの戦略を選択するのです」

「予測すると言っても……どのデータを使えばいいんだ」

ゴリラが渋《しぶ》い表情で腕を組んだ。

「調査会社からデータを買ってくると、情報が間違っていたり、古かったりする可能性があります。しかし、だからといって売場でお客の声を具体的に聞こうとしても、適当に答える可能性もあります。だから、アンケートの情報を、もっとシンプルにして、シグナル化するんです」

「シグナル化？」

ゴリラの問いかけに、滝川はコクリと頷いた。

「年齢、性別、過去の商品の購入履歴《りれき》、他のお店での購入履歴、購入個数と頻《ひん》度《ど》など、その場で簡単に書ける情報にするんです。お客に文章を書かせるような複雑なアンケートではなく、シグナルのような情報だけにすれば、ウソもなく、リサーチ結果も正確なものになります」

「正確にはなるかもしれんが、こんな情報だけで、役に立つものなのか？」

「スイーツは、1箱1000円の詰め合わせ商品が毎月売れても、1年間で12000円にしかなりません。その利益率が50％あったとしても、6000円の利益にしかならないんです。お客の個別の要望に1対1で対応していたら、絶対に赤字になってしまいます。だから、お客をグループごとにまとめてしまい、それぞれのアプローチを考えていくほうが効率的です。そもそも、感想なんて必要なく、お客を色分けできる情報だけあれば、十分なんですよ。これを集めて、もう一度、ターゲットを絞り直してみてはどうでしょうか」

滝川のマーケティングの戦略の意味がようやく理解できたのか、ゴリラは腕を組んで唸《うな》り声をあげた。

「うーむ、それは、正論かもな……。買収した洋菓子店も、オフィス街にある。もしかしたら40代から50代の女性のお客を狙《ねら》う立地ではないのかもしれん。インターネットの注文履歴を見ても、男性のお客の比率が30％を超えている。ターゲットが間違っていたら、どんなマーケティングの戦略を使っても、どんなに商品が美味しくても、上手《うま》くいくはずがないな」

「コンビニで手軽にスイーツが買えるようになって、『男性向けのスイーツ』という市場も大きくなっていると考えられます。もしかしたら、ターゲットを男性に絞ってみると、競合とは違うポジショニングが取れるかもしれません。とにかく、ターゲットにする年齢や価格を見極めるために、まずはお客へのアンケート調査を始めることです」

ゴリラは、「それならば、シグナル情報を上手に集める具体的な方法も、一緒に教えてくれ」と滝川に頼んだ。滝川は首を縦に振ると、丁寧な口調で説明を始めた。

「できるだけ記入項目を少なくした『ご意見カード』を作ってください。一目で、お客に『これなら、短時間で記入できる』と思わせることです。それを店頭で配るか、インターネットで注文を受けて送る商品の中に同封します」

「でも、配るだけでは、ご意見カードなんて面倒くさいものは書いてくれないだろう」

「そこは、書いてくれた人全員に、特典としてQUOカードや金券をプレゼントすればいいと思います」

「おいおい、全員にプレゼントするって、それは太っ腹すぎやしないか?」

ゴリラが顔をしかめた。

「調査費に換算すれば安いものですよ。仮に５００円のＱＵＯカードを１０００人に無料でプレゼントしたとしても、広告費は50万円ですみます。調査会社に、『過去にスイーツを買ったお客のデータ』を依頼した時と比べて、ぜんぜん、安くありませんか？」

滝川は、ゴリラが「そう言われたら、確かに」と頷いたのを見ると、言葉を繋いだ。

「もし〝抽選プレゼント〟にしてしまうと、お客から、〝本当に抽選しているのか〟と疑問の目が向けられて、アンケートの回収率が落ちます。そのほうが会社にとっては、大きな損失と言えます」

滝川の説明が終わると、横から黒河が言葉を挟んできた。

「でも、ＱＵＯカードや金券のプレゼントは、ちょっと味気ない気もしますよ。それよりも、お店のスイーツや焼き菓子をプレゼントするほうが、お店の商品の宣伝にもなるし、何よりコストを抑えてアンケートを回収することができると思うんですが」

「もちろん、それも一理ある」

滝川は言葉を添えると、一呼吸置いてから黒河にゆっくりと説明を始めた。

「だけど、自社商品を特典にするのは、デメリットもあるんだ」

「デメリット?」

「自社の商品をプレゼントにしてしまうと、それに対する好き嫌いが出てしまって、アンケートの回収率が落ちてしまう。さらに、商品を買って『好きになれなかった』という貴重なマイナスの意見を回収することは、確実にできなくなってしまう」

「それもそうだな。プレゼントが嫌いな商品だったら、アンケートに答えるやつなんていないからな」

ゴリラは滝川の話に大きく頷いた。

「マイナスの意見を集めるためには、アンケート調査の特典は中立的なものでなくてはいけません。そして、できるだけ幅広いターゲットに喜んでもらえる特典のほうが、アンケートの回収率は高くなります」

ゴリラと黒河は同時に、「なるほど」という声を発した。滝川はそれを確認すると、2人を見ながら強い語調で話した。

「これらの方法で集めた『ご意見カード』のデータを分析すれば、ターゲットにすべきお客が絞り込めるはずです。あとは、それに合わせた商品の開発やパッケージ、広告方法を決めればよいだけです」

滝川のアドバイスで、ゴリラは俄然《がぜん》やる気が湧《わ》いてきたのか、胸板を両手でゴンゴンと叩き始めた。

「よーし、明日から、店頭とインターネットの両方で、ご意見カードを配りまくるぞ。シグナル情報さえ集めることができれば、こっちのもんだ。あとは俺の天才的な味覚と嗅覚で、美味しいスイーツをガンガン作るぞ」

ゴリラがそう言うと、滝川は「そこです」と口を挟むと2本の指を立てた。

「売れない理由の2つ目が、今の商品開発のやり方にあるんです」

ゴリラは、あからさまに不機嫌そうな顔になった。

「先ほどの資料を見ると、1個の新商品を開発するのに、2ヶ月以上もかかっています。しかも、この売上に対して、破棄しているスイーツの量も多すぎます」

ゴリラの顔が急に真っ赤になった。

「滝川君、キミは知らんかもしれんが、スイーツは砂糖1グラムの違いで、味が変わるもんなんだ。それに、完璧《かんぺき》な商品を作るために、何度も試作品を作り直すから、2ヶ月はむしろ短いほうだよ。破棄されているスイーツが多いのも、日数が経って味が落ちたスイーツを捨てているからだ。うちのお店は、味で競合会社と差別化しているんだから、これは当然の必要経費だろ」

この意見に、滝川は首を横に振った。

「ビジネスも、新商品も、成功より、失敗する回数のほうが多いんです。野球だって3割打てば強打者なんですよ。情報を集めて、どんなに精度が高い予測をしたとしても、7割ぐらいはハズれてしまうのです」

滝川はゴリラに顔を近づけると、さらに強い口調で言葉を繋いだ。

「最初から、完璧な商品を作って売ろうとしないことです。そこに時間とコストをかけてはいけません。しかも、完璧な商品を作ってしまうと、それにかけた時間とコストを回収しようとして、その商品を売ることに固執《こしつ》します。さらに、愛着も湧いてしまうので、諦《あきら》めきれない感情も生まれるでしょう。だから、まずは完璧じゃない商品でもよいので、売ってみることなんです。それで売れなければ、すぐに捨てて、次の新しい商品を開発することです」

ゴリラはその言葉を聞いて、半信半疑で滝川に質問をした。

「つまり、何でもよいから、ドンドン新しい商品を作れってことか？」

『何でもよい』わけではありません。野球でも、投手の状態、キャッチャーの性格から、打者はストレート、カーブ、フォークと球種を予測するはずです。同じように、新商品を作る時には、過去のデータから『何が売れ筋になるのか』を予測しなくてはいけません。さらに、新商品の売れ行きを見ながら、その予測を修正していくのです」

「じゃあ聞くが、滝川君は、過去のデータから、売れ筋のスイーツの予測を立てることができるのか？」

ゴリラの色めきたった質問に、滝川はキッパリと「いいえ」と答えた。

「私には、どのスイーツが売れるのかなんて、さっぱり分かりません」

その言葉を聞いて、ゴリラが鬼のような形相《ぎょうそう》で、滝川に猛突進してきた。

「お前、それでもマーケティングのプロなのか！　それとも俺をバカにしているのかぁ！」

ゴリラはそう叫ぶと、滝川の顔の5センチほど近くまで顔を寄せてきた。そして、毛を逆立てて、大声で吠《ほ》えて顔を左右に大きく振り始めた。しかし、滝川はゴリラが〝怒りモード〟に突入したことが分かっていたので、そのまま平然とした表情で立ち続けた。

「黒河さん、前から聞きたかったんだけどさぁ、この世界の人間たちは、猿の〝怒りモード〟には慣れているのかい？」

「ええ、だいたいの人間は、この仕組みを知っていますから、1分間は目を合わさずにじっとしていますよ」

「ふーん、この世界の人間は、みんな大人しいんだな」

「滝川さんの世界では、こういう怒り狂う猿のような人はいないんですか？」

「たくさんいるよ。でも1分間じゃ、終わらないね。ずーっと一日中、ネチネチと責め立ててくる上司もいる」

そんな話をしているうちに1分が過ぎて、ゴリラの逆立った毛が戻り始めた。ゴリラは何事もなかったかのように大きなため息をついて、自分の席に戻った。

「マーケティングを担当する滝川君が、そんなこと言ったら身も蓋《ふた》もないだろ」

ゴリラは半ば呆《あき》れた口調で話し始めた。それに対して、滝川はゴリラから目線を逸《そ》らさずに、しっかりとした口調で話し始めた。

「マーケティングは『手段』であって、『答え』ではありません。だから、売れる『答え』を見つけるためには、自分で行動を起こすしかないんです」

「自分で行動を起こす――」

ゴリラは滝川の言葉を反芻《はんすう》した。考えてみれば、ビジネスで成功する『答え』を知っているやつなんて世の中にいるはずがない。やはり、自分のビジネスは自分で考えて行動するしかないのだ。マーケティングは、その行動を起こすための『手段』でしかないことに、ゴリラはようやく気がついた。

インターネットビジネスでは顧客開発に力を入れる

「社長は、売れそうな新商品を作ろうとしていました。でも、インターネットで商品を売るとなると、競合会社が多いので、まずは買ってくれるお客を見つけることのほうが、先になります」

滝川は会議室のホワイトボードに手をかけた。

①　お客発見（お客を予測する）
②　お客実証（試作品を作って売る）
③　お客開拓（お客の数を確かめる）
④　組織構築（正式商品を作って売る）

滝川が書いたのは、スティーブ・ブランクが提唱した「顧客開発」モデルの理論だった。しかし、ここでスティーブ・ブランクの説明をすると、「そいつはどこの猿だ？」と言われて、その説明にまた時間を取られてしまう。

滝川は、自分の腕時計に視線を落とした。1時45分。あと15分しか時間は残されていない。

「何だ、これは？」

ゴリラが話しかけてきた。時間がないと感じた滝川は、「私の考えた顧客開発の理論です」と言い切ると、淡々と説明を始めた。

「最初の①の『お客発見』とは、集めたシグナルデータをもとに、例えば、『男性向けのスイーツ』という新たなターゲットを見つけることです。②の『お客実証』とは、新商品を作って、ネットショップやスマートフォンのサイトで売ることを意味します。まずは、この2つを繰り返しテストすることです」

「新商品が売れるまで、開発を繰り返すということか？」

「開発だけではなく、商品を販売するサイトのA／Bテストも必要です」

「A／Bテスト？　何だ、それは？」

「売るスイーツは同じでも、レイアウト、キャッチコピー、商品画像、アクション導線などが違う2種類のサイトを作ります。それを同時にネット上にアップして、お客の反応がよい方を選択していきます。このテストを何度も繰り返していけば、売れるサイトを完成させることができます。この時に気をつけるべきことは――」

滝川は、ホワイトボードに書き出した。

- ・検証結果が偏《かたよ》らないように、一定の売上規模になるまで待つ
- ・入力項目が多いと反応率が下がるので、分かりやすくシンプルに作る
- ・反応率だけではなく、リピート率なども見る
- ・一度に全部やろうと欲張らず、1つずつ検証すること
- ・小さなデザイン変更ばかりではなく、大胆《だいたん》な変更も行う
- ・定説も疑い、テストあるのみ

滝川は、6つの注意項目を書き出すと、さらに言葉を続けた。

「このA／Bテストを繰り返しても、結果的に、一定の売上規模にならないこともあります。その時には、『①お客発見』まで戻り、ターゲットを変更します。それをもとに新商品を開発して、サイトのA／Bテストを繰り返すのです。そして、『③お客開拓』にたどり着いて、お客の数が十分にいると確信を持つことができたら、『④組織構築』によって正式な商品として、味も完成に近づけて、広告費をかけて売り出します」（次ページ図⑰）

「これだと、かなり時間と手間がかかりそうだな」

ゴリラが、難しそうな顔をして下唇《したくちびる》を噛《か》んだ。

「A／Bテストには時間がかかるので、それ以外の業務のスピードを速める必要があります。それらの時間を短縮させることができれば、スイーツは少量生産が可能な商品なので、開発するコストも時間も今よりは、はるかに抑えることができると思います」

「スイーツは、お客が資料請求してくることがないから、『③お客開拓』にたどり着くまで、それほど時間はかからないかもな。滝川君の言う通り、先に、お客がいるのかどうかを確かめるならば、このマーケティングの戦略は理にかなっていると言えそうだ」

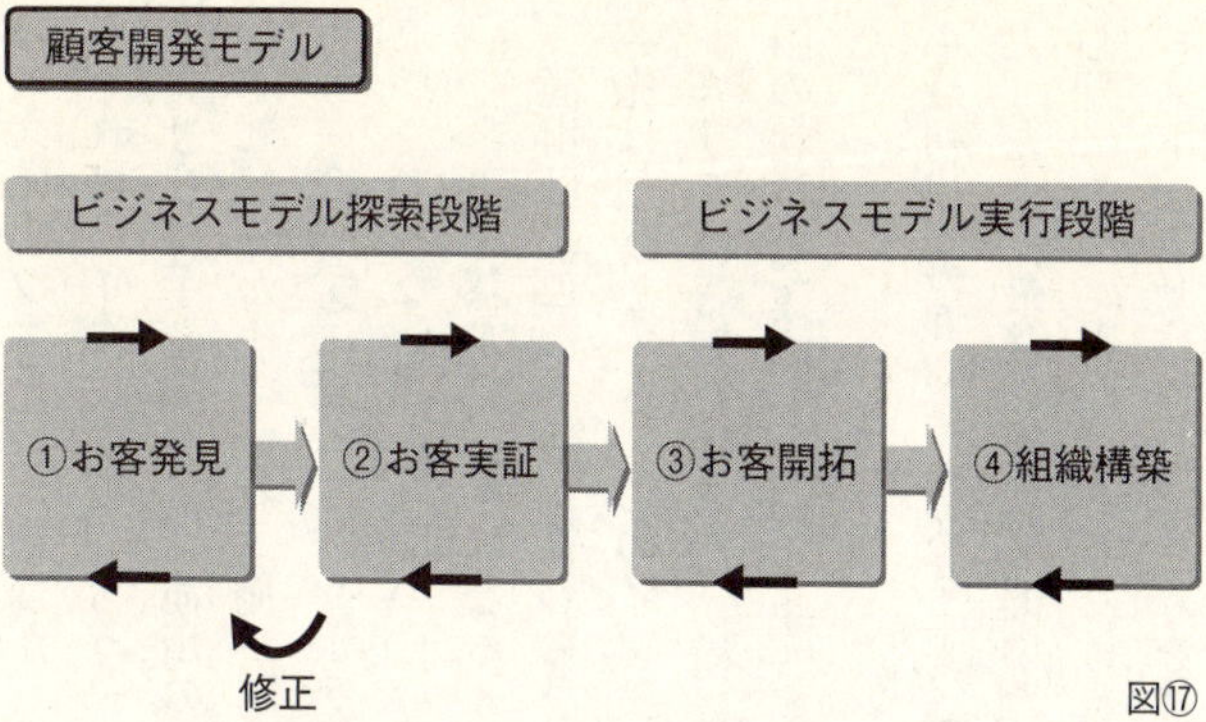

図⑰

滝川は「その通りです」と言って大きく頷いた。

「お客の好みが流動的で、寿命が短い商品を売る事業を始める時には、開発にお金を投入するよりも、お客を探すことに力を入れるべきなのです。そうしなければ、お客一人当たりの利益が小さくなってしまい、本当は成功したかもしれない事業が、赤字で続けられずに失敗することになってしまいます。つまり、新しい事業をやるならば、いつでも儲《もう》かる市場規模に達するまでは、柔軟に戦略を変えていかなくてはいけないんです」

その話を聞いて、ゴリラは心配そうな顔つきで質問を繰り出した。

「じゃあもし、今、予測を立てた『男性向

けのスイーツ』という市場が、儲かる市場規模でなかったら、どうなる？」

「それは、①に戻って、もう一度、ターゲットにするお客を見直して——」

ゴリラは手を振って、滝川の話を遮《さえぎ》った。

「それは分かっている。俺が聞いているのは理論的な話ではない。現実的に、もう一度、①に戻って、マーケティングの戦略を立て直していたら、間に合わないんじゃないのかと聞いているんだ」

「……事業部が、赤字になるということですか？」

滝川は、ここで話が終わらなかったことで、少し焦《あせ》っていた。

「俺はどうしても、このインターネット事業部を黒字にしたいんだ」

ゴリラは語気を強めた。横にいた黒河が、「すでに滝川さんは、目標の10億円の利益は達成しています」と言葉を挟んできたが、ゴリラは首を横に振った。

「最初、『男性向けのスイーツ』と提案された時には、いいアイデアだと思った。だが、最後の解説を聞いたら、そもそも儲かる市場規模があるかどうかも心配になってきた。もしなければ、そのために使った商品開発やサイトを作るコストが無駄になり、それを挽回《ばんかい》する時間もなく、確実に赤字になる」

滝川はこの発言で、その裏にあるゴリラの真意を理解した。ゴリラは海外への出張が多い。そのため、どうしても仕事は部下に丸投げすることになる。A／Bテストもゴリラが監視できる状況ではなくなるし、海外にいる間に、『男性向けのスイーツ』自体が失敗したと分かっても、現場にいないので、臨機応変な指示もできない。だからといって、帰国してからもう一度、お客を発見するところから始めるとなると、あまりにもスピードが遅すぎる。とすれば、『男性向けのスイーツ』の成否が、インターネット事業部の命運を決めることになってしまう。

他の事業部の部長の手前もあり、ゴリラは赤字が嫌なのだろう。そのために、ギャンブルのような提案ではなく、100パーセント儲かって黒字になる戦略、もしくは『男性向けのスイーツ』が成功するという絶対的な理由を、今ここで滝川から引き出したいのだ。

滝川の気持ちは焦ってはいたが、「冷静になれ」と、心で何度もつぶやきながら、静かに口を開いた。

「社長、分かりました。それでは、ライフ商事の他の4つの事業部の力を借りて、このインターネット事業部を黒字にする確率を100パーセントにしておきましょう」

ゴリラの眉間《みけん》がピクリと動いた。

「他の4つの事業部？　そこから、男性のお客の名簿を集めるのか？」

「単純に名簿を集めるだけではありません。地中海風の家を好む男性、カリスマ美容師がいる美容室に来る男性、キッチン用品を買う男性、眠れない男性、それぞれに合わせたスイーツのセット商品を作るのです」

ゴリラの目つきが変わるのが分かった。じっと滝川の目を見ながら、静かに「ほほぉ」と声をあげた。

「面白そうだな。でも、今の提案でいくと、『眠れない男性向けのスイーツセット商品』なんて、どうやって作る？」

「ぐっすり眠れるカフェインレス紅茶に、ティーカップ、それに合う焼き菓子をセットで売るのはどうでしょうか。カフェインレス紅茶は仕入れてくる必要がありますが、ティーカップはキッチン用品事業部が作っている商品の中から選ぶことができます」

ゴリラは「なるほど！」と言って、席から立ち上がった。

「今から何をすればよいか、具体的なイメージが固まってきたぞ。すぐに4つの事業部の部長たちにメールを出して、セット商品を考えさせることにしよう」

「セット商品を作ったら、それぞれの名簿からメール、ＤＭなどの広告を使って直接アプローチします。セット商品を作る時のポイントは、お客がイメージしやすい組み合わせにすることですよ」

あの４人の部長であれば、ゴリラが海外に出張している間でも、自分たちで臨機応変に社員に指示して、なんとか売上と利益を稼いでくれるはずだ。滝川の意図は、ゴリラにも、十分に伝わった。

一度取られたポジションは、簡単に取り返せない

滝川が話し終わると同時に、ゴリラは手を叩き始めた。

「さすが滝川君、噂《うわさ》通りだ。これで、インターネット事業部は黒字になったな。そして、キミに課した、１年以内にライフ商事の利益を10億円にするという目標も達成した」

ゴリラはそう言うと、焦る滝川の気持ちをよそに、ゆっくりと社長室のソファに腰を下ろした。

「どうだね、来年から部長に昇格して、さらに大きな仕事をやってみないか」

「部長、ですか」

「次期副社長候補の部長から、滝川君を部長に昇進させたいとの推薦《すいせん》があった。俺も、今ここで、キミの提案力を確認した。だから、彼の意見に異存はない。おそらく、人間が部長に就《つ》くのは、世界初じゃないかな」

ゴリラは満足そうな顔をして、鼻息を荒くした。しかし、滝川の返事は、ゴリラの予想とは真逆のものだった。

「お断りします」

驚いたゴリラは、口をあんぐりと開けて言葉を失った。

「私、滝川啓輔《けいすけ》は、本日付でライフ商事を退職させていただきます」

この台詞は、数日前から用意していた言葉だった。自分の今までの活躍からすれば、部長昇進の打診を受けることも、ある程度、予想していた。しかし、キツネザルから猿が経済の世界を牛耳《ぎゅうじ》る経緯《けいい》を聞いて、猿と一緒に仕事をすること自体に興味が失《う》せていた。

別にこの場は話を合わせて、部長への昇格を承諾してもよかったのだが、そうすると、どんなビジネスを始めるのか、いつから誰を部下にするかなど、話が長引くことは明らかだった。それでは、15時発の最終の高速船に間に合わない。そこで、退職の意向を伝えてしまえば、話は終わるだろうと滝川は判断した。

「大変、お世話になりました」

滝川は一礼すると、踵《きびす》を返して社長室のドアノブに手をかけた。

しかし、扉《とびら》を開けると、そこには身長2メートルを超える人間の大男が一人立っていて、滝川の行く手を塞《ふさ》いでいた。

「調子に乗りすぎたようだな」

ゴリラはそう言うと、ゆっくりと滝川のそばに近づいてきた。

「能力の低い人間が、猿に逆らっちゃダメだよ。しかも、社長である俺の顔に泥を塗った。これは人間が絶対にやってはいけないことだ」

ゴリラは滝川の顔をなめ回すように睨みつけると、さらに言葉を繋いだ。

「一瞬でも、人間を信じた俺がバカだった。やっぱり、人間には仲間を裏切るDNAが埋め込まれている」

「あんたに、そんなことを言われる筋合いはない。俺は、自分の気持ちに正直になって、行動しただけだ」

「それを〝裏切り〟というんだよ。まだ気づかないのか」

ゴリラは、滝川のそばに一歩一歩近づきながら話し始めた。

「人間は、そもそも周囲の人間とずっと協力して生きていくことができない生き物なんだ。自分が信頼していても、相手が裏切るかもしれないと常に恐れている。だから、ルールを作っても、すぐに守らないやつが出てくるんだ。それに比べて、猿の〝群れ〟のルールは絶対だ。そして、お互いが信頼し合っている。この結束力に人間ごときが敵《かな》うわけがない。だから――」

ゴリラは滝川の顔の数センチ近くまで自分の顔を寄せて、言葉を発した。

「結束力のない人間のポジションを、猿が簡単に奪い取ることができたんだ」

この言葉を聞いて、滝川は猿がお金の流れの主導権を握る、このおかしな社会構造をようやく理解することができた。アメリカが世界の他の国を裏切ったことで、ワシントンショックが起こり、人間の世界は大混乱し、お互いの信頼も地に墜《お》ちたに違いない。その時、猿が人間に変わって、『世界を経済で支配する』というポジションを奪い取ったのだ。一度取られたポジションは、簡単に取り返すことはできない。なぜならば、お金の流れを握っている猿が、自分たちに有利なルールを作ってしまうと、人間がそれをひっくり返すためには、革命を起こすしかない。しかし、猿が経済を、つまりお金の流れをコントロールしているとすれば、軍事力も意のままだろう。

となれば、市民レベルでの革命しかないが、今の人間は、ウィルスに感染したことで、意欲も能力も低下している。しかも最悪なことに、猿に経済を支配されていることが不幸だと感じている人間が、そもそも存在していない。

そして、強いポジションを取った猿は、さらに自分たちの地位を強固にするために、日々、努力をしている。そんな猿を尊敬すらしている人間には、今のポジションをひっくり返すことなどできないだろう、永久に。

ゴリラは、もう一度、ゆっくり滝川に話しかけた。

「キッチン用品事業部の部長からは、お前が別の世界からやってきたという報告も受けている。それを承知で、もう一度、最後の質問をする」

ゴリラは、一呼吸置くと、ハッキリとした口調で話を繋いだ。

「滝川君、俺の下で、部長として働かないか？」

その質問に、滝川は間髪《かんはつ》をいれずに、語気を強めて答えた。

「俺がなぜ、この世界に来たのか、いや、来させられたのか、すべて分かったよ。今の自分の価値観だけを信用していたら、イノベーションは生まれない。

元の世界の人間も、何かのきっかけで、他の生物にポジションを奪われてしまうことがあるってことだ。俺は自分の世界に戻って、そのことをみんなに伝えなくてはいけない。それに、あんたも、俺が別の世界から来たことを知ってるなら、その質問を承諾しないことぐらい、理解できるだろ。俺は、この1年間でライフ商事に十分、貢献《こうけん》したはずだ。もう話すことはないから、帰らせてもらう。そこをどいてくれ」

ゴリラは、それを聞くと、入り口にいる大男に向かって大声で叫んだ。

「理解していないのは、お前のほうだ。マーケティングの能力は高いのに、自分の置かれた状況について把握できんとは、本当に残念なやつだ。もういい。こいつを地下室に連れていって、監禁しろ。猿に逆らえないように、再教育施設に送り込んでやる！」

「はぁ、再教育施設……だと？　何だ、それは？」

滝川がそう言うと、そばにいた黒河が悲しそうな目をしながらつぶやいた。

「人間が、猿に逆らえないように洗脳する施設よ。この世界では、大会社の社長だけにその権限が与えられているの。猿のやり方に不満を持つ人間たちは、強制的にその施設に入れられるのよ。そして、業績の上がらない猿も、同じような再教育施設に送り込まれるの」

滝川は、ウィルスに感染しても発症しない人間がいると言われたことを思い出していた。ポジションをひっくり返す、ほんの少しの希望も、猿たちによって、潰《つぶ》されていることを悟《さと》った。

その瞬間、滝川は大男に持ち上げられて、羽交《はが》い絞《じ》めにされた。

「3ヶ月も施設に入れれば、猿に逆らう気持ちはなくなるはずだ」

ゴリラはそう言うと「連れて行け！」と大声で叫んだ。滝川は「離せ！」と暴れながら喚《わめ》き散らしたが、大男の力は強く、まったく歯が立たなかった。他の猿の部長たちが、社長を震えるほど怖《こわ》がるのはこのことかと、滝川はその時、初めて気がついた。しかし、それに今さら気づいたからといって、滝川には何も状況を変えることはできなかった。

「ごめんなさい。これが、この世界のルールなの」

黒河は寂しそうにそう言うと、滝川たちと一緒に、社長室から出た。

滝川は、絶望の淵《ふち》をさまよっていた。

もうすでに時計の針は14時20分を回っている。タクシーを飛ばしても15時の最終の高速船にはギリギリの時間だ。さらに、ゴリラに逆らったことで、再教育施設に送り込まれることになり、滝川はたとえようのない恐怖感を味わっていた。

エレベーターで地下に降りて、長い廊下を歩いている時だった。前を歩いている黒河が、突然、「地下室のカギを忘れたわ」と言って、振り返った。

「ここで、待っていてください」

黒河はそう言うと、駆け足でエレベーターに向かって走り出した。その足音は一旦遠ざかったかと思うと、さらに速い足音となって、再び近づいてきた。その瞬間、滝川の頭上でガツンという鈍い音が響き渡り、滝川を羽交い絞めにしていた大男が、白目をむいて、そのまま倒れ込んだ。

解放された滝川が、倒れた男のほうを見ると、消火器を持って息を切らす黒河の姿があった。

「逃げましょう、滝川さん！」

黒河はそう言うと、大男を殴《なぐ》った消火器を放り投げて、滝川の手をつかんだ。そして、階段を駆け上がり、1階のフロアに飛び出した。

「どこに、行くんだよ」

走りながら滝川が尋ねると、黒河は「東京へリポート！」と大声で叫んだ。

「ヘリポート？」

「新木場にある東京ヘリポートです。今日、社長が成田空港まで、ヘリで飛ぶ予定だったから、予約をしていたんです。社員たちは顔なじみだから、私が頼めば、ヘリに乗せてくれるはずです」

「ヘリに乗ってどうするんだよ」

「島に行くんですよ」

「島？」

「それに乗れば、猿ヶ島に行けるじゃないですか！　滝川さんは元の世界に帰らなきゃ絶対ダメなんです！　それに――」

黒河は息を弾ませながら、次の言葉を叫んだ。

「私も一緒に、滝川さんの世界に連れて行ってください」

「でも、石棺《せっかん》には1人しか……」

滝川の言葉を、黒河が遮った。

「その時は諦めます。でも、最後の最後まで、諦めたくないんです。私、やっぱり社長になる夢を捨てたくないんです！」

その言葉を口にしたとたん、走っていた黒河が突然立ち止まった。前のめりになりながら滝川が顔を上げると、目の前には1匹の猿が両手を広げて待ち構えていた。

「副社長！」

滝川の言葉に、ニホンザルの副社長は、ニヤリと笑った。

「だから人間たちはずる賢いんだよ」

ニホンザルは「キッキー」と叫ぶと、さらに言葉を繋いだ。

「お前をこの場から逃がしてしまったら、採用を決断した私の責任にもなるんだよ。そうすれば、次期社長の椅子《いす》も吹っ飛んで、私も再教育施設行きだ」

ニホンザルはそう言うと、身体《からだ》を低く構えて、毛を立て始めた。

「滝川！　どうせお前はこの会社を辞めて、競合の会社にでも転職しようと思ってんだろ。今まで私たちを騙《だま》しやがって！」

言葉を発すると同時に、ニホンザルと滝川の目が合った。ニホンザルは突如、〝怒りモード〟になり、歯をむき出しにして滝川に襲いかかってきた。しかし、滝川の前に黒河が飛び出してきて、そのまま猿と黒河は一緒に絡《から》まりながら床に倒れ込んだ。

「黒河さん！」

滝川が駆け寄ると、床には真っ赤な血が飛び散っていた。我を忘れたニホンザルが、黒河の右腕に噛みついたのだ。

「早く逃げて！」

黒河が大声で叫んだ。

「怒りモードになった猿は、1分はずっとこのままよ。今のうちに、タクシーで新木場のヘリポートまで行って！　イタタタッッ！」

黒河の右腕からは、血がドクドクと噴き出していた。顔色は少しずつ青みを帯び始めている。

「走って……滝川さん」

黒河の言葉は、だんだん消え入りそうな声になっていた。頬《ほお》に涙が伝わっていたが、目はしっかりと滝川を見つめている。

滝川は「すまん」と言って、一、二歩、後ずさった。そして、身を低く構えたかと思うと、「黒河さん、伏せて！」と叫んで、ダッシュでニホンザルのほうに向かって走り出した。

黒河は何が起きたのか分からず、滝川の言う通りに身を伏せた。滝川はそれを確認すると、噛みついているニホンザルの顔面めがけて、思いっきり右足を蹴《け》り上げた。

「ギョエエエエエエエエ！」

廊下に喉が切り裂かれるような長い悲鳴が響き渡った。ニホンザルはサッカーボールのように壁に向かって吹っ飛び、床に転げ落ちると、白目をむいて気を失ってしまった。

「大丈夫か」

滝川は自分のワイシャツを引き裂き、黒河の腕を止血した。噴き出す血は抑えられたが、黒河の顔色は、青白いままだった。

「ありがとう」

か細い声で黒河は礼を言うと、言葉を続けた。

「私、滝川さんの足手まといになっちゃってますね」

黒河は笑いながら弱々しい声を絞り出した。滝川はその質問には答えず、肩を貸して「立てるか？」と尋ねると、黒河は震えながらコクリと頷いた。2人は立ち上がると、引きずるような足取りでビルの出口に向かって歩き出した。

滝川は自分の腕時計に目を落とした。14時40分。もう竹芝客船ターミナル発の高速船には間に合わない。しかし、新木場のヘリポートであれば、ここからタクシーで２分もかからないはずだ。猿ヶ島に向かってヘリで飛ぶことができれば、サルガミの祭礼に間に合うかもしれない。

ビルの前に止まっていたタクシーを見つけると、２人は倒れ込むように後部座席に滑《すべ》り込んだ。滝川はタクシーの運転手に向かって、「早くクルマを出してくれ！」と悲鳴のような声をあげた。

気の弱そうなタクシーの運転手は、突然の指示に「はっ、はい」と言って、クルマのレバーをドライブに入れた。

「どちらまで？」

「どちらって、そりゃ――」

滝川は質問に答えようとしたが、口をパクパクさせるだけで、言葉が出なかった。

「どちらまで、ですか？」

バックミラー越しに、運転手がもう一度尋ねてきた。しかし、滝川は「どちら、どちら、どちら」と早口で繰り返すだけで、次の言葉が出てこなかった。次第に表情が曇り始めて、黒目を左右に激しく揺らしながら、ぶるぶると震え出した。

「滝川さん、どうしたんですか」

黒河が声をかけると、滝川は今にも泣きだしそうな顔をして、震える声を絞り出した。

「お、思い出せない」

「思い出せない?」

「俺は、今、どこに行こうとしていたんだ」

「――滝川さん、何を言っているの?」

黒河が滝川の肩を力強くゆすった。しかし、滝川は首を激しく左右に振って、身体を震わせながら絶叫した。

「思い出せないんだよ! 俺は、どこに行こうとしていたんだ! 俺は何をしようとしていたんだ!」

その言葉を聞いた瞬間、黒河の頭の中に〝ウィルス〟という言葉が浮かんだ。ワシントンショックの時に開発された、人間の記憶とやる気を弱体化させるウィルス――1年間、この世界に住み続けた滝川が、ウィルスに感染していてもおかしくはない。滝川は意味不明な叫び声をあげると、タクシーの後部座席で頭を抱えながら身体を丸めてしまった。

「どこに行くんだ。どこに行くんだ。どこに行くんだ。どこに行くんだ。どこに行くんだ。どこに行くんだ。どこに行くんだ」

同じ言葉を何度も繰り返して、激しく身体を揺らし始めた。黒河は「大丈夫、大丈夫よ」と言って、滝川の身体を、傷を負っていない左手で強く抱き寄せた。

「あの……どちらまで」

怯《おび》えた顔でタクシーの運転手が声をかけてきた。

黒河は、〝新木場のヘリポート〟という言葉を口に出そうとした。しかし、その瞬間、心の中でどす黒い煙のような気持ちが舞い上がるのが分かった。その嫌な気持ちを、何度も打ち消そうとしたが、急激に広がったその嫌な気持ちは、すぐに黒河の心の全てを支配してしまった。

〝石棺には、1人しか入れない――〟

「どうしますか？」

タクシーの運転手の４度目の問いかけに、黒河は落ち着いた口調で滝川に話しかけた。

「滝川さんは、ここで降りるのよ」

「えっ？」

頭を抱えていた滝川が顔を上げた。

「あなたは、ここで降りて、猿の社会で力強く生きていくのよ」

黒河はそう言うと、「運転手さん、ドアを開けて」と静かに言った。そして、開いたドアに向かって、ゆっくりと滝川の身体を押しやった。

滝川はタクシーの後部座席から、ゴロンと人形のように道路に転げ落ちると、口をあんぐりと開けたまま、黒河のことを見上げていた。驚いたような顔をしていたが、自分の置かれている状況が分からないのか、言葉も発せず、じっと黒河のことを見つめていた。

「さよなら、滝川さん」

黒河はそう言うと、運転手に向かって「車を出して！」と大声で叫んだ。タクシーはドアを勢いよく閉じると、タイヤを鳴らしながら急発進した。

「新木場のヘリポートへ」

この言葉を発したとたん、黒河の目からぼろぼろと涙がこぼれ落ちた。取り返しのつかないことをしてしまったという思いと、これから自分の人生が大きく変わるという期待感が入り混じり、どのような感情になっているのか、自分でも分からなくなっていた。

ただ、黒河が現時点でひとつだけ確信したこと——それは、人間は平気で人を裏切ることができる生き物だということだった。

「これじゃあ、猿の組織に勝てるわけがないわね」

黒河はそうつぶやくと、涙を流しながら、窓の外を流れる景色をじっと眺《なが》めて、頰に小さな笑《え》みを浮かべた。

エピローグ

記者がメモを取りながら、話を振ってきた。

「では、最後の質問です。黒河《くろかわ》社長にとって、マーケティングとは一体何でしょうか」

その問いかけに黒河は、口を真一文字にして、「んー」と小さな溜《た》めを作ったあと、ポツリと一言だけ口にした。

「ビジネスそのものですね」

「あー、それ、いい表現ですね。もう少し詳しく教えていただけますか?」

黒河は、小さく、そして、かわいらしく頷《うなず》いた。

「マーケティングの戦略というのは、自分たちで考えて、試行錯誤《しこうさくご》を繰り返して、その積み重ねで作っていかなくてはいけないものなんです。だけど、ほとんどの人が、運任せのマーケティングを行っています。それでは、マーケティングのスキルは上がらないし、〝組織力〟も強くなりません」

「組織力？」

記者が聞き返してきた。

「そうです。売り手側の最終目的は、お客を満足させる商品を提供することなんです。それは機能の高い商品を売ればよいわけではありません。今のトレンドは、お客はその商品を買うまでのプロセスや、買ったあとのサービスも含めて、『この商品を買いたい』と判断する時代なんです。それを考えれば、ある一部署の、ある個人のマーケティングスキルが高くても、今の市場では戦っていくことはできません。会社全体の〝組織としてのマーケティング力〟を向上させなければ、今の競争社会では生き残れないんです」

「その組織力を強化するためには、私たちは何をすればいいんでしょうか？」

記者の質問に、黒河は「失敗に対して、協力することです」と短く答えた。

「ちょっと待ってください。それだと……失敗することが、前提になっているように、聞こえますが？」

黒河は、大きく首を縦に振った。

「マーケティングの戦略には、２つの側面があります。１つ目が、ポジショニングです。つまり、会社として、誰をターゲットに、どんな商品を開発して、販売していくのかを決めることです。これは、部長以上の人が考える戦略です。2つ目が、組織としての実行力です。部長以上が考えた戦略を効率よく、みんなで上手に連携《れんけい》して行い、結果を出すことです。この2つが上手に噛《か》み合うと、マーケティングの戦略は成功するはずですが、現実には、失敗することのほうが多いのです。その理由は、そもそものポジショニングが間違っていることもありますし、組織の人材や資金が不足して、不完全に終わっていることもあります。その時こそ、失敗の原因をなすりつけ合うのではなく、お互いに協力して、よりよい新しい戦略を練り直し、もう一度、実行できる組織を作ることが、大切なんです」

記者はこの言葉を聞いた直後に、「なるほど。ありがとうございました」と言って、レコーダーのスイッチをオフにした。背後で写真を撮っていたカメラマンも、機材を片付け始めた。

「お忙しい中、ありがとうございました」

記者が頭を下げると、黒河は「いえいえ」と言って、一緒に立ち上がって丁寧に頭を下げた。

「こんな感じで、いいのかしら」

「ええ、十分です。うちの経済誌の巻頭特集で、女性社長が取り上げられるのは久しぶりなんですよ。ちょっと多めにページ数、割《さ》かせてもらいますよ」

「わー、嬉《うれ》しい」

黒河は、満面の笑《え》みを記者に向けた。

「なんたって黒河社長は、女性用の下着業界に参入して、たった3年で年商50億円の企業に育て上げた敏腕《びんわん》女社長ですからね。マスコミでは、かなり注目の的《まと》になっていますよ」

「そんなお世辞言わないでくださいよ。年商50億円ぐらいの企業なんて、世の中にゴロゴロあるじゃないですか」

黒河は、記者の肩を笑いながらポンと叩《たた》いた。しかし、記者は真顔《まがお》で黒河に向かって話を続けた。

「30代前半の女性社長は、結構、珍しいんですよ。しかも……こう言っては失礼かもしれませんが、黒河社長はルックスもいいですから、我々マスコミとしてもページが作りやすい」

黒河は「もう、そんなに持ち上げないでくださいよ」と言って、顔を両手で覆《おお》い隠した。

「下世話な話ですが、女性社長の特集を組むと、ＯＬが買ってくれて部数がかなり伸びるんです。今はこういう混沌《こんとん》とした世の中じゃないですか。そのせいか、女性で起業したいという人も、実は多いんです」

「そういう女性の社会進出に、少しでもお役に立てれば嬉しいですね」

黒河はそう言うと、もう一度、満面の笑顔を記者に向けた——。


あの日、滝川《たきがわ》をタクシーから降ろして、東京へリポートに向かった黒河は、ヘリコプターで猿ヶ島に降り立った。そして、祭壇の近くにあった小さな石棺《せっかん》に身を潜《ひそ》めて、夕暮れから始まった不思議なサルガミの祭礼を目にすることになった。その後、滝川の言っていた通り記憶が薄れていき、気がつくと砂浜に横たわって朝を迎えていた。

船を乗り継ぎ東京に戻ると、その社会から猿の姿は完全になくなっていた。それでいて、自分の住んでいた世界とほとんど同じ社会がそこにあり、黒河は当たり前のようにライフ商事に籍を置き、仕事をすることができた。不思議なことに、猿の世界にいた職場と環境はそのままで、違和感なく、こちらの世界に馴染《なじ》むことができた。

黒河はこの世界での生活に慣れると、すぐに会社に退職願を出した。そして、その退職金とわずかな貯金を元手に小さな下着メーカーを立ち上げて、滝川から学んだマーケティングの戦略を実行すると、急激に事業が拡大した。創業3年で年商50億円、全国に30店舗の直営店を抱える下着メーカーとしてのポジショニングを確立して、1年後のマザーズ上場を目指し、その準備に日々追われている。

そして、今、黒河にとって最大の悩みは社員の育成だった。

この世界の人間は自分が生まれ育った世界の人間よりも明らかに仕事ができた。しかし、急激に会社を大きくしてしまったせいか、社員の採用と教育が追いついていない状態になっており、満足なパフォーマンスを出せずにいた。もう少し、社員がマーケティングの戦略を効率よく実行することができれば、売上をさらに伸ばすことができるのは確かだったが、マーケティングの戦略を理解しようとしない部下も多く、その光景を見るたびに、猿の能力を羨《うらや》ましく思うことが多々あった。猿は単純で、素直で、いい意見があればすぐに取り入れて、勉強もする。そして何より実行力があった。だが、人間は複雑に物事を考えるし、いい意見があっても、素直に認めない。実行するまでに、何度も悩み、躊躇《ちゅうちょ》する。これが事業のスピードを遅れさせる大きな要因に繋《つな》がっていた。

そして、何より猿は仲間を裏切らない結束力を持っているところが羨ましかった。〝群れ〟という絶対的なルールの中で仕事をすることは、社長にとってこれほどの安心感はない。そのことは、社長になった今の黒河にとって、痛いほど分かる現実でもあった。

「お待たせ」

黒河が昼下がりの公園で本を読んでいると、声をかけられた。顔を上げると、そこにはツヨシの姿があった。

「待った?」

黒河は「ううん、今来たところ」と言って、ツヨシにベンチの隣に座るよう促《うなが》した。

「大学の方はどう?」

黒河の質問に、ツヨシは「まぁね」と軽く答えた。

「まだ講師の身分だから、研究室では下《した》っ端《ぱ》で、雑用ばっかりさ。授業の方も緊張するけど、こっちはすぐに慣れると思うよ」

「でも、心理学って、なんだか楽しそうね」

黒河の言葉に、ツヨシは顔をしかめた。

「キミが考えているほど、簡単なもんじゃないんだぞ。人の心が読めたり、分かったりするような、そんなロマンチックな学問じゃないんだ」

「でも、女子学生がたくさん聴きに来ているんでしょ？」

黒河が少し嫌みっぽく言うと、ツヨシは「まぁ、ね」と言って、バツが悪そうに自分の頬《ほお》を人差し指で掻《か》いた。


黒河がツヨシと付き合い始めたのは、3ヶ月ぐらい前からだった。

ツヨシは大学で心理学を教え始めたばかりの新米講師で、黒河よりも5つ年下の彼氏だった。自分はてっきり、サラリーマンと平凡な結婚をするものだと思っていたが、黒河自身がバリバリのキャリアウーマンになってしまうと、やはりパートナーは真逆の人種を選んでしまうようである。自分の身の周りにいる、ギラギラした男たちと違い、少しのんびりした大学の講師ぐらいのほうが、居心地がいいことは確かだった。

ツヨシとは、このあと、何年付き合うか分からない。しかし、最近は「上場したら、結婚してもいいかな」と黒河も思い始めていた。

「おっ、何かやってるぞ」

ツヨシが公園の人だかりを指差した。「行ってみよう」と言うので、黒河も一緒になって駆け寄った。しかし、その光景を見たとたん、黒河はたとえようのない嫌悪感を覚えた。

「猿回しか」

ツヨシが独り言のようにつぶやく。ハッピを着た若い男性が太鼓を叩くと、それに合わせて首紐《くびひも》をつけたニホンザルが踊ったり、バク転をしたりしていた。

黒河は、猿を見ると、自分の元いた世界を思い出してしまうので、この場からすぐにでも離れたかった。しかし、ツヨシが面白そうに猿回しを見ているので、仕方なく、付き合うことにした。

「そういえば――」

ツヨシが思い出したように話を始めた。

「猿を使った興味深い心理学の実験があってさ」

黒河は聞きたくもなかったが、話を合わせるために「どんな実験なの？」と聞き返した。

「1950年代に、アメリカ人のハリー・ハーロウという心理学者がいたんだよ。彼は子猿を母猿から引き離して、針金で作った模型の母猿と、布で作った模型の母猿を両方用意して、どちらに懐《なつ》くか実験したんだ」

「なんか……残酷《ざんこく》な実験ね」

「いつの時代も、心理学の実験は残酷なものだよ。で、針金で作った模型の母猿には、哺乳器《ほにゆうき》をつけて、常にミルクがもらえる存在にしたんだ。反対に、布で作った模型の母猿には、哺乳器がついていないただの布の塊《かたまり》にした。さて、ここで問題。結局、子猿はどちらの母猿に懐いたと思う？」

猿の世界で育った黒河には、気分の悪い質問だった。しかし、ここで不機嫌な顔をするのもおかしかったので、とりあえず、ツヨシの質問に答えた。

「うーん、ミルクを与えてくれる針金模型の母猿じゃないかしら」

「ハ・ズ・レ。実はミルクを与えない布製の母猿に懐いたんだよ。やっぱり子どもには、食事よりもスキンシップのほうが大切だってことだね」

黒河は、思いのほか当たり前すぎる結論だったこともあって、「ふーん」と気のない返事をした。

「やっぱり、残酷な実験ね」

「おいおい、そんなに猿に感情移入しないでくれよ」

「感情移入なんかしていないわ。ただ、その子猿が、ちょっとかわいそうだと思っただけよ」

ツヨシは、「そう言われてみれば、かわいそうかなぁ」と言葉を繋いだ。

「実は、その実験には後日談があるんだよ。結局、針金や布で作った模型の母猿に育てられた子猿は、大人になってから問題行動を起こすようになってしまったんだよ」

「問題行動？」

黒河が眉間《みけん》に皺《しわ》を寄せた。

「そう、他の猿に嚙《か》み付いたり、相手を無視したり……普通の猿に比べて攻撃的になってしまったんだ」

黒河の心の中で〝攻撃的〟という言葉が引っかかった。それと同時に、向こうの世界に置き去りにしてしまった滝川の顔が頭の中をよぎった。

「そういう特異な環境で育てられた人間も猿も、大人になってから相手が信じられなくなって、攻撃的になっちゃうんだろうね」

ツヨシの言葉に、黒河はたとえようのない嫌な痛みを覚えた。しかし、その痛みがニホンザルの副社長に噛まれた右腕の古傷なのか、それとも、滝川を裏切った心の痛みなのか、黒河にはよく分からなかった。

その日の夕方、ツヨシと別れた黒河は、一人で夕飯の買出しのために近所の商店街を歩いていた。小さな電器屋のショーウインドウに、新型の大型液晶テレビが飾られている。

「次のニュースです――」

ちょうど、最近話題のアパレル会社の不祥事《ふしょうじ》のニュースが流れていた。黒河は足を止めて、しばらくテレビの画面に見入った。

気になるニュースが終わった後、ふと、ショーウインドウ越しの景色に目をやった。自分の姿がガラスに映り込んでおり、その向こうには街を行きかう人々が映し出されていた。

しかし――。

行きかう人たちの流れの中で、こちらをじっと見て立ち続ける男の姿があった。ボロボロの茶色いコートを着て、帽子を目深《まぶか》にかぶり、無精《ぶしょう》ひげで顔が覆い尽くされていた。

黒河は一瞬、気味が悪いと思った。しかし、その直後、その男はこちらに向かって、ゆっくりと歩き始めた。そして、ショーウインドウ越しでも、その男の顔がはっきりと分かるぐらいの距離まで近づいてきた。

黒河は心の中で、何度も「そんなバカな」という言葉を繰り返した。しかし、それが現実であると理解するまでに、そう時間はかからなかった。

「久しぶり」

黒河が振り返ると同時に、滝川は帽子を取って、ニヤリと笑ってみせた。

「そんなに驚くことはないだろ。向こうの世界から、こっちの世界にやってくる方法を知っているのは、キミだけじゃないんだぜ」

滝川は、語気を強めながら「あの時はご苦労だったね」と言って、さらに一歩、近づいてきた。

「猿の世界は楽しかったよ。不思議なことに、ウィルスに感染しても、俺《おれ》のマーケティングの能力は劣化しなかった。いや——むしろ冴《さ》え渡《わた》ったと言ってもいいぐらいだ。もしかしたら、俺は突然変異かもしれない。まさか、自分がこんなに猿の世界に馴染むとは思わなかったからね」

黒河は身震いが止まらなかった。滝川はその姿を舐《な》め回《まわ》すように見ると、嬉しそうに言葉を繋いだ。

「そして、もうひとつの〝まさか〟が俺には起きたんだよ――そう、自分の記憶が戻ったんだ」

その言葉を聞いて、黒河は猿に嚙みつかれた古傷を反射的に押さえた。傷の痛みと心の痛みが、両方同時に自分の身体の中を貫《つらぬ》いていった。

黒河は、カラカラの喉《のど》からようやく言葉を発した。

「復讐《ふくしゅう》に……来たの？」

滝川は、ゲラゲラと下品な声で笑い出した。

「そんなことはしない。君のことを恨《うら》んでなんかいないからさ。むしろ感謝しているぐらいさ」

「感謝？」

黒河が聞き返すと、滝川は鋭い声で言葉を発した。

「そう、感謝だ。俺はマーケティングの戦略を駆使《くし》して、イノベーションを起こし、新しい猿の価値観を作ってやったんだ。結果、猿の世界で、俺を頂点とする組織を作った。つまり、俺は向こうの世界で、自分のポジションを確立して、絶対的な〝群れ〟を作ったんだ。しかも、会社の組織なんて数じゃないぞ。世界そのものを〝群れ〟にしたんだ」

滝川はニヤリと笑って、黒河に顔を近づけた。

「だから、次の新たなポジションを取りに来たのさ」

その時、展示されていた大型の液晶テレビから、次のニュースが流れ始めていた。

「本日の午後2時頃、伊豆《いず》諸島にある無人島『猿ヶ島』に、大量の猿がいることが確認されました。猿は多種類おり、チンパンジーやオランウータン、ゴリラなど、本来、日本にいるはずのない霊長類《れいちようるい》の姿が島の外部からも確認することができ……」

黒河は、そのニュースを目にしながら、ワナワナと身体を震わせて、その場に膝《ひざ》から崩れ落ちた。「なんてことを、なんてことを——」同じ言葉を何度も繰り返して、地面にひれ伏した。

「何をそんなに悲しんでいるんだ。こちらの世界にやってくる入り口をちょっと広げさせてもらっただけだよ。君も知っている有能な猿の部長たちが、ウィルスを持って、こっちの世界にたくさんやってくるんだ」

滝川は、うずくまる黒河の耳元でささやいた。

「さて、これから、こちら側の世界で、俺たちのポジションを、取らせてもらうよ——」

〈完〉

著者紹介

竹内謙礼（たけうち　けんれい）

有限会社いろは代表取締役。大企業、中小企業問わず、販促戦略立案、新規事業、起業アドバイスを行う経営コンサルタント。

大学卒業後、雑誌編集者を経て観光牧場の企画広報に携わる。楽天市場等で数多くの優秀賞を受賞。現在は雑誌や新聞に連載を持つ傍ら、全国の商工会議所や企業等でセミナー活動を行い、「タケウチ商売繁盛研究会」の主宰として、多くの経営者や起業家に対して低料金の会員制コンサルティング事業を積極的に行っている。特にキャッチコピーによる販促戦略、ネットビジネスのコンサルティングには、多くの実績を持つ。NPO法人ドロップシッピングコモンズ理事長としてネット副業の支援と普及にも力を入れている。

青木氏との共著として、『会社の売り方、買い方、上場の仕方、教えます！』（クロスメディア・パブリッシング）、『会計天国』『戦略課長』（以上、ＰＨＰ文庫）、著書に、『売り上げがドカンとあがるキャッチコピーの作り方』（日本経済新聞社）、『一瞬でお客さんの心をつかむ！　1秒POP』（すばる舎）、『繁盛店は料理と言葉でつくる』（日経BP社）ほか、多数。

「有限会社いろは」HP：http://e-iroha.com/

青木寿幸（あおき　としゆき）

公認会計士・税理士・行政書士。日本中央税理士法人代表社員、株式会社日本中央会計事務所代表取締役。明海大学講師。

大学在学中に公認会計士2次試験に合格。卒業後、アーサー・アンダーセン会計事務所において、銀行や大手製造業に対して最新の管理会計を導入し、業績改善や組織改革の提案を行う。その後、モルガン・スタンレー証券会社、本郷会計事務所において、M&Aのアドバイザリー、不動産の流動化、節税対策の提案などを行う。平成14年1月に独立し、株式会社日本中央会計事務所と日本中央税理士法人を設立して代表となり、現在に至る。会計・税金をベースとして、会社の再生、株式公開の支援、IR戦略の立案、ファンドの組成、事業承継対策などのコンサルティングを中心に活動。

著書に、『ありふれたビジネスで儲ける』（クロスメディア・パブリッシング）、『相続のミカタ』（中経出版）、『知れば得する！　図解医院経営のカラクリが全部わかる本』（秀和システム）など多数。

「株式評価.com」HP：http://www.kabuvalue.com/

本書は、書き下ろし作品です。

PHP文庫　猿の部長
マーケティング戦略で世界を征服せよ！

2014年12月17日　第1版第1刷

著者　竹内謙礼
　　　青木寿幸
発行者　小林成彦
発行所　株式会社PHP研究所
東京本部　〒102-8331　千代田区一番町21
文庫出版部　☎03-3239-6259（編集）
普及一部　☎03-3239-6233（販売）
京都本部　〒601-8411　京都市南区西九条北ノ内町11
PHP INTERFACE　http://www.php.co.jp/

組版　朝日メディアインターナショナル株式会社
印刷所
製本所　図書印刷株式会社

ISBN978-4-569-76224-1

PHP文庫好評既刊

［新会計基準対応版］

決算書がおもしろいほどわかる本

損益計算書、貸借対照表、キャッシュ・フロー計算書から経営分析まで

石島洋一 著

講師経験豊富な著者が、本当に必要なポイントだけをやさしく解説した大ベストセラーが、最新情報を加えて登場！　決算書入門の決定版。

定価　本体五一四円（税別）

PHP文庫好評既刊

戦略課長

竹内謙礼／青木寿幸 著

銀行から出向してきたロボットの取締役と新規事業を任された美穂。二人は無事に事業を成功させられるのか？ おもしろ過ぎる投資学の本。

定価 本体七六二円（税別）